De cero a rico

Juan Diego Gómez Gómez

De cero a rico

La EXTRAORDINARIA manera
de conseguir dinero y ver la vida

PAIDÓS EMPRESA

Obra editada en colaboración con Editorial Planeta - Colombia

© 2022, Juan Diego Gómez Gómez

Fotografía del autor: © Archivo particular / cortesía del autor
Diseño de portada: Diseño de portada: Invertir Mejor y Editorial Planeta

© 2022, Editorial Planeta Colombiana S.A. - Bogotá, Colombia

Derechos reservados

© 2022, Ediciones Culturales Paidós, S.A. de C.V.
Bajo el sello editorial PAIDÓS M.R.
Avenida Presidente Masarik núm. 111,
Piso 2, Polanco V Sección, Miguel Hidalgo
C.P. 11560, Ciudad de México
www.planetadelibros.com.mx
www.paidos.com.mx

Primera edición impresa en Colombia: febrero de 2022
ISBN: 978-628-00-0000-8

Primera edición impresa en México: mayo de 2022
ISBN: 978-607-569-241-8

Impreso en los talleres de Impregráfica Digital, S.A. de C.V.
Av. Coyoacán 100-D, Valle Norte, Benito Juárez
Ciudad De Mexico, C.P. 03103
Impreso en México *−Printed in Mexico*

CONTENIDO

INTRODUCCIÓN

"Juan Diego, ¿por qué mejor no llamaste a este libro *De pobre a rico?*". La respuesta es simple: porque nunca fui pobre, solo me faltó dinero, pero no mentalidad.

Transcurría 1999 y mi vida se resumía así: desempleado, endeudado, sobregirado con los bancos, sin saber cuál era mi propósito de vida y próximo a casarme. Hablar de la tormenta perfecta rayaría en la exageración. Son tantas las dificultades de millones de seres humanos que las mías, quizá, fueran poca cosa, simple mortadela con pan. No obstante, cómo salir de ahí bien podría resultarles inspirador a aquellos que se encuentran en un momento financiero difícil o con mucho por hacer en la vida.

Con este libro quiero que aceleres tu progreso. No le haré una apología al dinero fácil. Quizá, me conozcas, y sepas que no caería en tentaciones como esas. Pero hay algo claro: sí que existen cosas wow en la vida que te impulsan y te llevan a otro nivel, y otras tan normales y repetidas que apenas apestan.

La primera vez que me dijeron: "En la vida se progresa paso a paso", me pregunté: "¿Y qué diablos será eso?". Para una persona impaciente como yo, esa expresión me produjo escalofrío. ¿Paso a paso? ¿Será que voy a vivir quinientos años? ¿No será posible encontrar vías alternas para progresar más rápido? El tiempo me enseñó que sí era posible, pero debía cambiar la manera en que pensaba, las personas que me rodeaban y las metas que me proponía. Es eso lo que pretendo compartir contigo a lo largo de estas líneas. Para lograr un fin, hay que modelar a quienes ya lo han obtenido. El ejemplo sí que es importante. Si me apuras un poco, te diría que es lo único. El 1 % es ese porcentaje de la población que logra lo que el 99 % anhela. Es ese 1 % que ama los lunes, no el que espera ansioso la llegada de los viernes; es ese 1 % el que escribe un *best seller* y que no se conforma con publicar un libro; es ese 1 % el que se convierte en millonario, no el que se habitúa a ganar "al menos un poquito más"; es ese 1 % el que obtiene récords, no el que se complace con participar; es ese 1 % el que logra un botón de oro o de platino en YouTube, y no el que se limita a poner uno que otro video de vez en cuando; es ese 1 % dueño de su tiempo, ese mismo que tiene por recompensa la libertad financiera, no aquel que se va muriendo lentamente, de 9 a 5, todos los días, para luego esperar con angustia una jubilación que no le alcanza. Es ese 1 % que vive como quiere, y no como puede.

Hay conversaciones, videos, libros, viajes y experiencias que aceleran tu progreso, te acercan a ese 1 % y te evitan una muerte a cuentagotas. Momentos que, tras vivirlos, hacen que tu existencia ya no sea la misma. Me han dicho, por ejemplo: "Tal libro me enseñó lo que aprendí en cinco años en la universidad". Es posible que hayas sentido algo similar, y no solo leyendo un libro, sino también con alguna otra actividad que hayamos bautizado en publicaciones anteriores como wow. Si ello es una realidad, me pregunto: "¿Por qué no acumular más wow? ¿Por qué seguirnos conformando con la versión arcaica del progreso a fuego lento cuando podríamos estar en modo hervir? ¿Por qué seguir aceptando que el paso a paso es la única vía posible?". Como tú, siento que mientras la vida transcurre aún no logro TODO lo que quiero lograr. La pregunta que nos hacemos en ese momento es "¿Qué hacer para imprimirle mayor aceleración a mi progreso?". La respuesta descansa en lo que piensa y en lo que vive ese 1 %.

Me dediqué a estudiar con rigor a muchos exponentes de ese 1 %, hombres y mujeres. Sentí en carne propia sus angustias, fui testigo a la distancia de sus sombras y estuve ahí, por cualquier capricho cósmico, para verlos transitar hacia el Olimpo. Ese 1 % que piensa distinto, ese 1 % que ve la realidad de manera única, ese 1 % que obtiene los resultados con los que el 99 % sueña. Con inspiración, modelación y un cambio de chip, te doy, entonces, la bienvenida a un viaje que me permitió dar un salto cuántico, desde una cloaca financiera hacia una condición de libertad, que no termina, pues la ambición continúa intacta. Porque es eso lo mejor que tiene el dinero: brindarte libertad. Por sí solo es papel; bien utilizado es tiempo, familia, placer y propósito de vida, es decir, lo que significa la palabra *libertad*.

Así las cosas, la mesa está servida para que protagonices una historia con la que te sientas feliz. Basta que escojas aquello que te plazca y lo pongas en práctica, un reto no menor.

1. MENTALIDAD DE HIERRO

Tu propio mundo

No esperes nada diferente de sentirte orgulloso de lo que haces. No ansíes nada distinto de tu propia sorpresa. Una idea, un poema, una obra de arte, una canción, una receta, un emprendimiento. Esperar a que los demás sientan lo que sientes es subvalorar tu gesta. Es alquilarse. Los demás están en lo demás. Distraídos, quizá. No los juzguemos. El egoísmo tiene su lado amable. Primero, piensa en ti. Las mayores esperanzas deben estar puestas en ti. Una vida única, con un progreso demoledor, no es un logro menor. Lo que hiciste era para ti. Si mueres de hambre, debajo de un puente, haciendo lo que sientes que debes hacer, era el puente el receptor de tu obra. Y ese puente no deberá ser considerado menos que los demás. ¿Morirás? No lo creas. Habrán muerto los que viven para agradar a otros. Serás inmortal, puesto que te recordarán como único, vitoreado como único, reverenciado como único. Un distinto, un valiente, un ser extraño. Muertos los que estuvieron sin vida millones de años y que luego nacieron para complacer a otros a costa de su propia felicidad. Eso, simplemente, fue no haber nacido.

Pretender cambiar el mundo es ilusorio. Hay muchos mundos. ¿Cuál cambiarías entonces? Variedad infinita de influencias y posibilidades. Crear un estilo de vida propio es lo que busca el 1 % que desea un progreso rápido. Muéstralo. Que escojan los demás si lo quieren acoger. No flagelarse si continúas viendo aquello que condenas. Hay mucho de ego en aquel que piensa que el mundo debería ser como él cree que debe ser. Y, quizá, soy uno de esos egos. El agua no se da cuenta de quién la usa. Solo es agua. Si uno la evita, otro la contamina y uno más la desperdicia, ella diría: "Ahí estuve para ti". Igual con la vida. Sentirse mal porque tienes 700 videos gratuitos en YouTube para dejar de ser pobre, y seguir, pese a ello, viendo a tantos que no tienen siquiera cómo llegar a fin de mes, no debería ser razón para dejar de hacer el video 701. Alguien lo verá. Quien sintonice con tu mundo, que es uno más de infinitos mundos o realidades, no mejor ni peor que los que otros viven al prescindir de esos videos, o de tus libros o de tus esfuerzos para mejorarlos.

La verdad es que no mejoramos a nadie que no quiera mejorar. Aún encuentro a muchos pobres que no leen sobre educación financiera, ni siguen en redes sociales a cuenta de dinero alguna, ni ven documentales sobre riqueza ni modelan referentes de progreso.

No tienen dinero y, sin sonrojarse, se preguntan: "¿Por qué la vida es tan injusta conmigo?". ¿Y qué esperaban? Solo comen lo que cocinaron o dejaron de cocinar.

Es una quijotada pretender cambiar el mundo. Lo único que puedes hacer bien es cambiar tu propio mundo, mostrar, más que decir, cómo lo cambiaste, y que de esa mesa se sirvan, como ya lo cité. Si los demás no comen, no es tu problema. El remordimiento no existe, ni debiera existir. Hiciste tu tarea. "Bástele a cada oveja su propia piel", decía el escritor y pensador estadounidense Henry David Thoreau. A muchos de los que quieren ser ricos, pero poco hacen para lograrlo, les digo: "Sigue así, pensando y actuando así, y en diez años te veré haciendo lo mismo que haces hoy. Un trabajo por debajo de tus posibilidades. Pobre y frustrado, especialista en quejas y reclamos, con doctorado en marchas, protestas y paros". Y luego reflexiono: "¿Hice bien al decir eso o solo ataqué a molinos de viento, que ni se inmutan ante mi intención por ayudarlos?". Recuerda esto: escribes un libro, un ser te dice que ese libro cambió su vida, uno más afirma que el libro no fue de su agrado y otro te pregunta: "¿Cuál libro?". Siéntete feliz por haber escrito ese libro. Lo escribiste, sobre todo, para ti. Para tu propia felicidad. Evoco aquí a mi filósofa preferida, Ayn Rand, y su reivindicación de la palabra yo. Si muchos no leyeron el libro, no es tu problema. No lo consideraron imprescindible. No hacía parte de su mundo. "¿Cómo es que hay tanto pobre si podrían ser ricos?", suelo preguntarme. "¿Y quién me dijo que querían ser ricos o que estaban dispuestos a pagar el precio de serlo?". Mundo ideal el que creamos en nuestra mente. A muchos les basta respirar y creemos que anhelan volar. No. Les tiene sin cuidado esa opción. "Es para otros", dicen. Soy optimista por naturaleza. Razón por la cual creo que ese 1 % se mantendrá, lo que no es poca cosa. El 1 % de vida única, creada para sí mismos. Aspirar a más es utópico.

Desde que era un adolescente escucho que la riqueza está mal repartida. Y seguirá así. Léelo de nuevo. Busca estar en ese 1 % haciendo lo que el 99 % desprecia. Y no te confundas: la sal se parece al azúcar, pero saben distinto. Hay desigualdad puesto que no somos iguales.

Me referiré a esa desigualdad al final del libro, e iré a la yugular. Los intereses y procederes varían y, en consecuencia, los resultados cambian. Seguirás viendo a ricos y a pobres, mansiones y tugurios, lágrimas y risas. Y no se trata de que esté bien o mal una u otra opción, sino de que es así. Una vez estaba con mi esposa en Barcelona. Había una persona sentada en la calle, en medio de un frío glacial. Un mendigo para ser exactos. Nos acercamos para darle comida, y la despreció. La arrojó a un costado. ¿Hizo algo malo? Ya no lo puedo juzgar, aunque en ese momento lo hice. Quizá, necesitaba otra cosa, distinta de la que pensamos: saciar el hambre. No tienes que ayudar si no te piden ayuda. "El que se esté quemando, que sople". Sé mecenas de quienes te busquen y lo merezcan; pero, ante todo, de ti mismo. Ayúdate y apoya tu causa, tu propia causa. Al hacerlo, proveerás luz, y solo aquellos que condenen la oscuridad y huyan de las tinieblas la reclamarán. Los que se hallen a gusto a oscuras no necesitan que brilles. "Es difícil liberar a los necios de las cadenas que veneran", en palabras de Voltaire.

¿Está bien no estar bien?

He condenado la debilidad en todos mis libros. Y todo aquello que se le parezca, incluso, expresiones que al evocarlas me producen náuseas: tristeza, pesar, lástima, desilusión, amargura, desengaño y soledad.

En la vida se trata de elegir. Te dirán que está bien llorar, gritar o deprimirse. Que tienes derecho a sentirlo y expresarlo, que es normal y humano. Claro que lo es. Y lo contrario también: sacar lo mejor de lo peor. Pregúntate qué ganas con una u otra opción.

Mi filosofía de vida es simple: *la filosofía de la elección*. Ante todo, puedes elegir, puesto que eres mentalmente libre para hacerlo. Desde *Hábitos de ricos* vengo afirmando que no hay noticias malas ni buenas, solo noticias. El adjetivo *malo* o *bueno* lo ponemos nosotros. Esa, por cierto, fue la génesis de mi "diccionario púrpura". Cambiarles el significado a las palabras y prescindir de otras. Al cambiar *estafa* por *oportunidad de aprendizaje*, convierto un episodio, que llamaré malo, en uno bueno. Hay otras palabras que no aparecen en ese diccionario. Por ejemplo: *pesar*. Es tal lo que me repugna esa palabra que ni adjetivo le busqué. "Qué pesar esto", "Qué pesar aquello". Basta de lamentos y de compasión, ni con los demás ni contigo, ¿o quieres atraer desgracias para tu vida hablando así? Siempre puedes elegir qué pensar, siempre, lo que no es poco, una aproximación al paraíso. ¿Y si es tan bueno por qué no lo hacemos? Porque nos suelen gobernar las emociones y no la razón. Me he venido curando de ellas con la filosofía estoica, que condena las pasiones y privilegia la autodisciplina y la razón. Epícteto, Zenón, Séneca y el gran Marco Aurelio, entrañable grupo de amigos, me han ilustrado al respecto. Mira este ejemplo. Muere tu padre a los 90 años. Lo normal sería llorar, preguntarte por qué no le diste más abrazos, recordar los buenos momentos compartidos y hasta pedirle cuentas a Dios: "¿Por qué él, Señor, si estaba tan bien?". Tus emociones te conducen a pensar y a decir eso. Y se respeta. Y no habrá nada de malo si lo lloras. Ahora, y solo por un momento, aleja las emociones y que prime la razón. En ese caso, es posible que agradezcas a Dios, y a la vida misma, por haber tenido un padre durante tantos años y porque, finalmente, descansó, dejó de sufrir o evitó, como mínimo, vivir más tiempo quién sabe en qué condiciones. Así, más que el dolor, te invade un sentimiento de gratitud y tranquilidad, puesto que ahora ese papá, quizá, esté mejor que tú. Y recuerda que no se ha muerto, se ha transformado, pues lo seguirás recordando. Todo muerto que se recuerda cobra vida, otro tipo de vida. Acabamos de llevar a la práctica, con ese ejemplo, *la filosofía de la elección*. Un suceso al que se le da una lectura en vez de otra. Y así es todo: una elección. Lo mejor es que somos nosotros los que elegimos. La mayor causa de repugnancia que me producen los regímenes totalitarios es esa: que decidan por mí, que manejen mi vida a su antojo. ¿Con qué derecho? Si nací libre y asimismo quiero morir. A la familia de Ayn Rand (sugiero leer sobre ella en *Manual para irreverentes*) le expropiaron su negocio Vladimir Lenin y sus secuaces, tras la Revolución bolchevique de 1917, en Rusia. A Rand le tocó migrar a los Estados Unidos, sola y pobre. Exiliada.

Eso marcó para siempre su forma de ver la vida: defendió el capitalismo y atacó cualquier atisbo de colectivismo, que sofoca al individuo y no lo deja actuar solo. Espero que estas líneas las estés leyendo desde algún lugar donde seas libre para pensar y decidir, sin que un grupúsculo de matones, torpes, corruptos y con más afán de lucro que cualquiera de los que desean expropiar se adueñen de tu psiquis y de tus ilusiones. Poder escoger qué pienso no es poca cosa. Aun en condiciones extremas de sometimiento, como un campo de concentración nazi, puedes tener ese grado de libertad que permite pensar por sí mismo, escoger cómo reacciono ante un fenómeno y de qué forma veo la vida. Fantástico si estás recordando a Viktor Frankl (*El hombre en busca de sentido*); al hacerlo, le das vida, lo inmortalizas. Él vivió en esas condiciones y aun así no pudieron despojarlo de su mayor patrimonio: su actitud y mentalidad. "La tristeza es un descuido de la razón", le oí decir al gran Facundo Cabral. "El dolor no es insoportable ni eterno si recuerdas sus límites y no imaginas más de la cuenta", se aventuraba a decir el filósofo griego Epicuro, otro amigo, siglos atrás.

Michel de Montaigne, ensayista y filósofo francés, se despachaba contra la tristeza en estos términos en su libro *Ensayos*:

> Me hallo entre los más exentos de esta pasión, y no la amo ni la aprecio, aunque el mundo se haya dedicado a honrarla con un favor particular. La tristeza es en efecto una cualidad siempre nociva, siempre insensata, y los estoicos prohíben a sus sabios sentirla, por ser siempre cobarde y vil. Que tu espíritu permanezca inmutable y que en vano se deslicen las lágrimas [...] Pero, así como nuestro espíritu se

fortalece mediante la comunicación con espíritus vigoro-
sos y ordenados, no puede decirse hasta qué punto pierde
y degenera por medio del continuo trato y la frecuenta-
ción que tenemos con espíritus bajos y enfermizos. No hay
contagio que se difunda como este. Lo he comprobado por
experiencia suficiente a mis expensas.

¿Viene alguno que otro tóxico a tu mente?

El nobel de literatura Alexandr Solzhenitsyn, en la misma
línea, tenía todas las razones del mundo para cuestionar la
estructura de la existencia cuando se encontró preso en un
gulag, un campo de trabajos forzados soviético y bajo el
régimen de terror impuesto por Josef Stalin. Solzhenitsyn
había servido como soldado en las endebles primeras líneas
de defensa rusas que hicieron frente a la invasión nazi. Su
propia gente lo arrestó, golpeó y encarceló. Contrajo cáncer. Podía haber sucumbido al resentimiento y a la amargura. Los dos mayores tiranos de la historia, Stalin y Hitler, le
habían destrozado la vida. Solzhenitsyn vivía en condiciones brutales: se le arrebataba y se malgastaba casi todo su
tiempo, era testigo del sufrimiento, inútil y humillante, así
como de la muerte de sus amigos y conocidos. Le sobra-
ban los motivos para culpar a Dios. Pero el gran escritor,
el firme y lúcido defensor de la verdad, no consiguió que
su mente se dejara arrastrar a la venganza y a la destruc-
ción. Por el contrario, abrió los ojos y se hizo la más difícil de las preguntas: "¿Había contribuido él a su catástrofe
vital?". En ese caso, ¿cómo? Recordó su apoyo inquebranta-
ble al Partido Comunista en su juventud. Cuestionó su vida
entera, algo para lo que tenía tiempo más que suficiente en

el campo. ¿De qué formas se había equivocado en el pasado? ¿Cuántas veces había actuado contra su propia consciencia? ¿Cuántas veces había hecho cosas que sabía que estaban mal? ¿Cuántas veces se había traicionado? ¿Cuántas veces había mentido? Repasó de forma minuciosa todos los detalles de su vida. Se planteó una segunda pregunta y después una tercera: "¿Puedo dejar de cometer este tipo de errores ahora? ¿Puedo reparar los perjuicios causados por mis fracasos pasados?". Aprendió a mirar y a escuchar. Conoció a personas a las que admiró, que eran honestas a pesar de todo. Se desmontó pieza por pieza para que muriera todo lo accesorio y lo nocivo, y así poder resucitar. Entonces, escribió Archipiélago gulag, una historia del sistema de internamiento de los campos soviéticos, un libro contundente y terrible, escrito con la abrumadora fuerza moral de la verdad más desnuda. Prohibido (y con razón) en la Unión Soviética, se filtró a Occidente, y, entonces, le estalló en la cara al mundo. La obra demolía de forma absoluta y definitiva la credibilidad intelectual del comunismo como ideología o sociedad.

Me tomo un respiro y navego ahora en otras aguas. Una mujer como Hannah Arendt, escritora, filósofa y judía alemana, desconocida hasta ahora para mí, y que tenía por sistema de creencia no quejarse nunca, tenía que estar en este libro, poniéndole la frutilla al postre en este tema que nos desvela: elegir. Arendt es una apología del 1 %. "El lamento no es un modo operativo del pensamiento", afirmaba. No era proclive a manifestar compasión ni dolor, y despreciaba tanto el suicidio que este, a sus ojos, llenaba de oprobio a quien sucumbiese a él. ¿Qué seguirás eligiendo, amable lector? ¿La tristeza como destino o la insurrección como actitud de vida?

La adversidad

La adversidad es el biberón del héroe. La falta de conocimiento es cruel. El pobre, financieramente hablando, condena su pasado, denigra de todo lo que le ha faltado y suele maldecir lo que ha vivido. Lo atroz es desconocer que la adversidad es la semilla de su progreso. Si, como a mí, te gustan las biografías, podrás avalar esta sentencia:

La gente más exitosa se ha cocinado en sopas de sangre y lágrimas. La adversidad ha sido alimento de leyendas, no la cuna de plata o el tapete persa en el que gatearon aquellos a quienes nada les faltó.

La resiliencia y el carácter no se forjan en la abundancia, sino que son hijos del sufrimiento y el aguante. Curiosamente, quienes no leen ven la adversidad como una carga, no como la cuota inicial del progreso. Les preguntas por los momentos difíciles de Louis Vuitton, John Rockefeller, Napoleón Hill, Facundo Cabral, Jack Ma, Marco Fidel Suárez, Ayn Rand y tantos otros, y difícilmente saben quiénes son. Ni esos ni muchos más. Total, carecen de inspiración. Su ignorancia es una sentencia de muerte en vida. No se lee por cultura general, ni para tener mejor ortografía, ni para que el tiempo pase rápido. Se lee para ampliar el mundo y el prisma con el que lo vemos. Se lee para inspirarnos. Se lee para conocer que otros, a partir de condiciones más adversas que las nuestras, lograron lo que querían. Y cómo lo hicieron. Para eso se lee.

La adversidad se encarga de tejer la ropa que uno se pone. Muchos se hicieron más grandes con la adversidad. Milton Erickson fue otro, y la maestría en el lenguaje no verbal fue el efecto de sus avatares. Y así ocurrió porque tuvo polio. Le vaticinaron poco tiempo de vida. Pero no fue así. Cuanto más incapacitado estaba, más leía a las personas e identificaba patrones que hablaran por ellas, sin que pronunciaran una sola palabra.

Y migro a otro escenario. Helmut Kohl, excanciller alemán, le dijo a Angela Merkel, la primera mujer en ocupar la Cancillería de Alemania, antes de su primera intervención pública: "En lugar de hablar sobre política, habla mejor sobre ti. Habla sobre tu origen y sobre tu biografía. ¡En tus orígenes está tu futuro!". Y sí que tuvo adversidades la señora Merkel, a quien tanto admiro. Bástele a cualquier inquieto leer una biografía suya para darse cuenta, por ejemplo, de lo que debió soportar como ciudadana de Alemania Oriental bajo el yugo soviético, cuando el Muro de Berlín aún permanecía de pie.

Los momentos difíciles son pozos de los que extraen enseñanzas los destinados a trascender y, al mismo tiempo, una fosa en la que cavan su propia tumba los condenados al olvido.

El pasado es un trampolín para impulsarse, no un sofá para sentarse a llorar. El pasado se aprovecha, no se condena. Cuanto más difícil haya sido tu pasado, más exprimible. El visionario utiliza ese pasado y le añade dramatismo e hipérboles. Eso vende, sí que vende. Cuota inicial de salto cuántico o progreso rápido es aquella de apalancarse con tu pasado. Construir una historia inspiradora con él. Quien no es visionario, esconde ese pasado. "Juan Diego, superé una quiebra, también un cáncer. Tengo varios hermanos y todos de padre distinto. Mi madre me dijo que, si yo estaba vivo, era un verdadero milagro, pues en más de una ocasión intentó abortar. Debí salir del país para no morirme de hambre y ya he logrado sacar a mi familia adelante. ¿Consideras que mi propósito de vida es inspirar a muchos con mi historia?". ¡Pues claro! Le dije a mi cliente en una sesión vip: "¿Cómo lo pones en duda? ¿Crees que cualquiera supera eso?".

Un gran futuro no tiene por prerrequisito un gran pasado. Es posible que no te sientas orgulloso de tu pasado, pero sí de lo que hagas de ahora en adelante. Y que, en algunos años, mirando hacia atrás, digas: "Valió la pena vivirlo todo. Se justificó. Cada lágrima, cada gota de sudor, toda la sangre derramada no corrieron en vano".

Retomando a Arendt, valga mencionar que llegó a los Estados Unidos proveniente de Europa, huyendo de las fauces del nazismo y de su afán por engullirlo todo. Físicamente, se alejaba del horror nazi, del antisemitismo, del suicidio y de su impetuoso coqueteo. Quien ha vivido lo que Arendt vivió, sin sucumbir, merece pensar y filosofar. El influjo será nuevo, cocinado en la vivencia de la adversidad y maridado en el cerebro. El filósofo alemán Martin Heidegger, quien fuera su profesor y amante, lo leía del *Diario de Van Gogh*:

"Siento con todas mis fuerzas que la historia del hombre es como la del trigo: no importa que no hayamos venido a este mundo para prosperar; nos muelen y nos convertimos en pan. Cuidado con aquellos que no están amasados".

Ninguna superioridad se tiene frente al 99 % si no nos hemos puesto al fuego. La virtud ansía el peligro. La enfermedad, y cuanto mal se gestione, solo termina por esculpir al ser y aquilatar su carácter. No hay firmeza de espíritu sin sufrimiento que lo acompañe. Los sabios afirman que, entre acciones igualmente buenas, es más deseable la que entraña mayor esfuerzo. No hay que temerle al dolor. Este se ufana cuando tiemblas por su causa. Solo se amolda si le hacemos frente.

¿Has corrido en una playa? Mientras corres, tus pies se entierran en la arena y el esfuerzo para que salgan es superior a cualquier otro que tengas al correr. Los músculos se fortalecen y los deportistas de alto rendimiento la ven como una práctica indispensable antes de iniciar una competencia.

¿Has intentado caminar en medio del pantano? ¡Qué difícil es! Cuanto más tratas de hacerlo, más pareces cavar tu propio hoyo. Es similar a pedalear en una bicicleta estática, en la que te esfuerzas y transpiras, mas no avanzas. Solo que ahora es pantano lo que te rodea. Igual, tendrás que arreglártelas para salir.

Uno u otro caso se parecen a las dificultades que tenemos a diario. Ya sea que las busques, como correr en la playa, ya sea que te golpeen por azar, como caminar en el pantano, la recompensa que suponen pareciera eludirnos a un corto plazo. Mucho trabajo y esfuerzo, ¿para qué? "El progreso no llega", nos decimos. Piensa en esto: si no hubiera playa, no hay músculo; y sin pantano, no hay resiliencia. Nos guste o no, estamos sembrando el fruto que habremos de recoger. Así como no se trata de aprender a perder, sino de aprender cuando se pierde, tampoco se trata de acostumbrarse a la dificultad; basta aquilatarse en esos momentos y entender que son la cuota inicial de mayores recompensas. Sin el esfuerzo de la playa y el desespero del pantano, no habrá nada grande que venga. "Disfruta de las crisis". Tal y como suena. Lo otro, infinitos ríos de leche y miel, solo se da en las fábulas y en los cuentos de hadas. Es humano flaquear. Dime si, como yo, no has sentido en muchos momentos las ganas de mandar todo al carajo. Estoy seguro de que sí. ¿Y? ¿Lo enviamos? ¿Nuestro emprendimiento, nuestro empleo, nuestro matrimonio, nuestra relación? Pues no. Estoicos: aguante y abstención. Sufrimiento en estado purificador. Quienes no viven esos momentos me generan mucha desconfianza.

Caminar en medio de las plumas se valora cuando has caminado en medio del fango. Las almohadas de seda son más apreciadas cuando has dormido en la calle. Una chimenea roza lo sublime cuando un frío glacial ha calado hasta el último de tus huesos.

"No country for old men". ¿Sabes cómo se tradujo ese nombre, que dio lugar a una laureada película de 2007, protagonizada por el español Javier Bardem? *Sin lugar para los débiles.* Que otros se quejen y lloren, ni tú ni yo lo haremos. No tenemos tiempo para eso. La queja no suma ni resuelve nada. La debilidad y el dolor solo atraen más debilidad y dolor. La naturaleza es inclemente con el débil. No fastidiemos a nadie con nuestros dolores, ni preocupaciones ni lamentos. A nadie, excepto a nosotros, le importa que tengamos frío, hambre, cansancio, sueño, o que nos duela el "dedito gordo del piecito izquierdo". Remediémoslo en silencio, con autocontrol y valor, esas menudencias y muchas cosas más graves. Pero fuertes. Sin quejarnos. Sin que corra una lágrima o brote un lamento. Así se comporta el 1 %.

Evoco a Diógenes, filósofo griego, para dar la puntada final. Mientras él abrazaba en pleno invierno y completamente desnudo una estatua de nieve, con el fin de poner a prueba su resistencia, le dijeron quienes se burlaban: "¿Estás pasando mucho frío?". "En modo alguno", respondió Diógenes. "¿Entonces?". "¿Piensas que mantenerte ahí es hacer algo difícil y ejemplar?". "Para medir la firmeza es necesario conocer el sufrimiento", respondió Diógenes.

2. UN IMÁN PARA ATRAER DINERO

Cómo enriquecerse en momentos difíciles

Construimos una bella casa en plena pandemia, que posiblemente hayas visto en las redes sociales. Si me sigues en ellas, recordarás esta frase: "Las crisis son un cambio de millonarios". Vendí mis inversiones en dólares cuando la covid-19 fue una brutal realidad, con un dólar por las nubes en ese momento (a $4000 por dólar en Colombia, por ejemplo), y sin saber, obviamente, si subiría más. Eso no importaba, puesto que ya vendía con gran utilidad. Nadie se ha quebrado vendiendo con ganancias, tenlo presente siempre. El aumento en el precio del dólar fue una reacción del mercado a una condición *sui generis*, como una pandemia. Había nerviosismo y las personas compraron aquello que, en teoría, suponía un menor riesgo: dólares. Total, gané bien. Con ese dinero de la venta, compré acciones, a precios que estaban por el piso, cuando casi nadie quería comprar, porque el mundo se "acabaría", presagiaban algunos. Abastecerse de papel higiénico, dizque porque ese preciado artículo se iba a agotar, les parecía mejor. Conservo el *post* que puse en redes sociales (17 de marzo de 2020): "Es hora de comprar acciones, no papel higiénico". A los pocos días, habiendo invertido con agresividad en acciones, con los dólares que vendí, había ganado ya el 25 % de la inversión. A otros, teniendo dinero, les dio miedo invertir, lo que es respetable. Y la historia no paró ahí. ¿Qué hace la gente en una pandemia? Estar en la casa, con mucho tiempo libre, inquieta con sus ingresos y preocupada por la estabilidad de su empleo. Les dijimos a los seguidores en las redes sociales: "Que tu computador no sea el florero más costoso de tu casa, hay que ponerlo a producir, que dé ingresos". El mismo eslogan que había utilizado veinte años atrás cuando empecé a invertir por internet y aparecía en televisión. ¡EUREKA! Los ingresos de Invertir Mejor, en plena pandemia, fueron los más altos hasta el momento para nosotros, y el combo *trading*, uno de sus productos estrella, rompía récords de ventas.

No estoy aquí para contarte los milagros, pues también la he embarrado antes, y no una sola vez. Estoy para sentencias útiles hacia tu futuro: a la próxima crisis dale la bienvenida. Es una gran oportunidad para hacer dinero y cumplir sueños.

Y no se trata de que esperes la siguiente pandemia, pues, quizá, ni estemos vivos. Si estás atento, encontrarás oportunidades donde otros solo ven problemas. Por ejemplo, siempre piensa qué haces con una noticia, financieramente hablando. Las noticias o los eventos, como lo fue en su momento la covid-19, están ahí para hacer algo con ellas. Y es que no se trataba solo de ser solidario, valorar la salud y la familia, sino de que también era el momento de hacer dinero y anunciar cómo se hacía, y así lo hice. Cero remordimientos me quedan al respecto. Que unos tomaran nota y procedieran, y otros no, era decisión de cada cual.

Lo material y lo espiritual

Pon atención a lo que expresó una amiga cuando le dije que construiría una casa de 700 metros, la misma de la que te vengo hablando. Y tienes tres opciones para adivinar. Primera: "Te felicito, cuéntame cómo la construiste". Segunda: "¡Qué maravilla! ¿Cuándo me invitarás a conocerla?". Tercera: "¿Qué? ¿Setecientos metros? ¿Por qué tan grande? ¿Quién te la va a limpiar?". Quizá no te conozca, pero intuyo a la distancia que escogiste el tercer comentario. Tienes razón. Eso me dijo. Y te adelanto algo: quien habló así es una persona de estrato 6 (alto nivel de ingresos), con título universitario y negocio propio. Pero, quizá, solo quizá, con algo de educación financiera y mentalidad de abundancia por recorrer.

Siempre he creído que quien tiene para el *whisky* tiene para el hielo. Preocuparse por la limpieza de una casa de 700 metros equivale a prescindir de un castillo, pudiéndolo comprar, porque de pronto me espantan o hasta me extravíe recorriéndolo.

Vaya preocupaciones. Si crees que esa respuesta que me dieron es aislada o poco común, discrepo. El mayor atentado contra la generación de riqueza se halla en la mentalidad del individuo, no en su cuenta bancaria. No se trata del poco o mucho dinero que tengas, sino de lo que consideras es mucho y te mereces. Que combines lo material con lo espiritual, que tu forma de ser no la cambie una casa así y que el apego no aparezca en tu vida. Primero, piensa en construir la casa de tus sueños, luego en alguien que se ocupe de limpiarla, y crearás empleo al hacerlo.

Hay mucha hipocresía frente a la riqueza: los ricos son criticados, pero son los que sirven de ejemplo para progresar financieramente; los ricos son criticados, pero son los que generan empleo; los ricos son criticados, pero son los que en un momento emprendieron, asumieron riesgos, se quebraron y, aun así, persistieron. ¿Qué han hecho quienes los critican? ¿Qué clase de ejemplos son? El pobre suele creer que el rico es el causante de sus problemas cuando es él quien carga con el pecado. Es ese pobre quien critica al rico, pero sin pudor alguno desperdicia su tiempo en banalidades.

A propósito de lo que acabas de leer, el *artha*, o prosperidad material, figura en la mayoría de las metas legítimas del esfuerzo humano halladas en los textos ortodoxos de la filosofía india, según lo consagra Julian Baggini en su libro *Cómo piensa el mundo: una historia global de la filosofía*. Junto a la prosperidad material están el placer y la conducta ética o virtuosa. En la India actual, los ascetas siguen siendo venerados, pero no se desprecia, y con frecuencia se admira, a los ricos. Ni la riqueza ni la pobreza son buenas y malas en sí mismas, todo depende de cómo y por qué alguien se encuentra en una determinada condición material. De hecho, existen los "gurús emprendedores" y profesores de yoga que hoy son empresarios. Siempre y cuando se vea que esas personas desempeñan una labor humanitaria con buena parte de sus beneficios, no se ve con escándalo que la obtengan. Nótese que hablamos de una de las filosofías con mayor componente espiritual de la que se dé cuenta en la historia de la humanidad. Razón más para confirmar la saludable combinación de espiritualidad y riqueza que destacábamos en *El día que Dios entró al banco*.

¿Cómo compro si no tengo el dinero?

Mayor generosidad es más dinero. Tienes algo para dar por pobre que seas en recursos financieros. Nunca partes de CERO, así creas que estás en los huesos mismos, desvestido. Dale US$5000 a alguien sin ideas, talento, ambición o razones de progreso y se perderán. Observa, por el contrario, a 100 personas que posean esas cualidades, pero que carezcan de un solo dólar, y mínimo 10 tendrán éxito; y entre esos 10 estás tú. Ten eso presente. Si tu idea es buena, funcionará con US$1000 o con US$1 000 000; si es mala, con ninguna cifra. Ahora bien, hay quienes tienen ideas y no tienen dinero, mientras que otros tienen dinero y no tienen ideas. Desconocen cómo poner a producir su capital. Desde ya puedes intuir qué debe hacerse. Sí, juntarse.

Si tienes una idea ganadora y me dices que no tienes dinero, busca a quien lo tenga, le vendes tu idea y santo remedio. Es posible que me digas: "Juan Diego, pero sucede que ya he buscado a muchas personas y no atienden mis llamadas o no logro convencerlos". Te pregunto: "¿Y te vas a rendir, o, por el contrario, harás gala de la mayor virtud que tiene un ser extraordinario: su persistencia?". Si tu idea es poderosa, no descansarás hasta tanto te la financien. Inspírate en la historia de Walt Disney. Más de 200 instituciones financieras le cerraron las puertas en la cara cuando buscó recursos. Si te faltó insistir o agresividad para vender tu idea y convencer a otros de las bondades que tiene, el problema, quizá, no era el dinero, sino tu carácter. No vengas a decirme, entonces, que no progresaste porque te faltó dinero.

Por experiencia propia, te sugiero que tu primera pregunta no sea "¿Qué me dan?" o estar mendigando con un "Dame, que no tengo". No hagas eso. Tu primera pregunta debe ser: "¿Qué puedo dar?". Y sí que hay respuestas. Puedes dar tiempo, conocimientos, soluciones a problemas, compañía, escuchar… "¿Qué puedo hacer que les sirva a miles desde lo que hago, sé, conozco o he vivido?". Si actúas como víctima diciendo: "Es que soy muy pobre, nadie me da nada o necesito una oportunidad", estás liquidado. Empieza por hacer cosas GRATIS y reunir testimonios. Así empecé: cuando no había redes sociales, hablaba por televisión de lo que sabía, sin cobrar nada a cambio; me empezaron a conocer, hice eventos y, con el dinero, me independicé y creé Invertir Mejor. Si no tienes lo que quieres, hay dos formas de conseguirlo: por tu propia cuenta o buscar a quien lo tenga. Tienes fortalezas que no posee un socio o grupo (de gente buena) con el que te unas. Mira los temas que te interesen en redes y acércate a las personas que veas que interactúan y que poseen o comparten tus mismos gustos y objetivos.

Siempre existirá el dilema de quién tiene miedo o quién tiene fe. Yo tengo fe. En 2021, mientras terminaba de construirse la casa, compraba obras de arte para decorarla y acrecentar mi colección. Cierto día, Alicia, mi esposa, me pregunta: "¿Juan, no es muy arriesgado invertir tanto en arte si ese dinero lo necesitamos para acabar de construirla?". Le dije: "¿Y por qué limitarnos a una sola cosa si podemos ir por las dos cosas: arte y casa?". Pero, siguió diciéndome, disfrazada de polo a tierra: "¿Tienes el dinero disponible para comprar todas esas obras?". "No", le manifesté, con absoluta sinceridad. "¿Y entonces?", me dijo. "Que no tenga el dinero hoy no significa que no lo tenga mañana. Primero, quienes me vendieron los cuadros y esculturas me permitieron irlas pagando a dos años, sin intereses, a un precio fantástico, y mucho me temo que se van a valorizar. Segundo, al comprarlas, me obligo a que se me ocurran ideas para pagarlas; si no las compro, puedes estar segura de algo: no crearé ningún activo o negocio nuevo que me produzca dinero, pues no estaré contra las cuerdas". Sin presión no hay emoción y sin reto no hay autoexigencia. Que la pasión jamás caduque. Quedarse quieto es morirse, es hacer que "la sangre no circule". Si queremos un progreso rápido, tanto nosotros como el dinero deben moverse. Y cuanto mejor se mueve cada uno, mejores resultados producen. Recuerda siempre: no pasa nada con aquel a quien nada le pasa.

> **No prescindas de nada que haga más felices tus días. Así piensa el 1 %. Lo fácil sería afirmar: "No puedo, no tengo dinero, eso no lo compro". Eso lo dice y piensa el 99 %. Mientras que el púrpura o extraordinario diría: "Es mío, nada que hacer. Hoy no tengo el dinero para pagar, pero me obligaré a tenerlo".**

Lo que acabas de leer se llama autoconfianza, la misma que alimentan una buena educación financiera, libros útiles, amigos que te inspiren y menos horas de sueño y telenovelas.

Riesgos y miedos

Los billonarios han perdido millones de dólares para convertirse en billonarios, los millonarios han perdido miles de dólares para convertirse en millonarios y los que no tienen dinero no están dispuestos a perder nada. Y así se quedan, sin nada. Si no arriesgas nada, no ganarás nada. Ancestral sentencia. Invocarás una batería completa de razones para justificar tu miedo: no tienes un dólar, en el pasado te quebraste, te pueden estafar, eres muy conservador o resulta muy fácil hablar de dinero teniéndolo. Finalmente, son excusas que te mantendrán pobre y más allá de lo válidas que puedan ser. El gran problema de la mayoría de los pobres es su incapacidad para asumir riesgos. Y no progresan porque siempre les falte dinero, sino porque siempre les sobran miedos. Lo que les ocurre a muchas de esas personas es similar a las fobias que desarrollan otras tantas:

Ven un ratón, una araña o una mariposa y, de inmediato, su mente los transforma en dragones de Komodo, con meses sin comer y ávidos por triturar y engullir a su presa. No obstante, cualquier otro verá lo obvio: ratones, arañas y mariposas. El pobre crea una tormenta en un vaso de agua. Imagina siempre el peor de los mundos. El apocalipsis. Siente que las cosas no funcionarán para él. Y, como la ley de atracción existe, termina convirtiéndose en una suerte de profecía autorrealizada o que se cumple a sí misma. Si cree que le irá mal, se las arreglará para que le vaya mal. Se le quemará el pan en la puerta del horno. Acto seguido, y sin sonrojarse, pronunciará una de las venenosas sentencias que carga en su morral: "Es que hay personas que nacen con estrella y otras que, como yo, nacen estrelladas".

¿Qué hacer? ¿Cómo darle la vuelta a esto? El círculo vicioso del miedo se rompe cuando la razón prima sobre las emociones que arrastra y sobre lo que distorsiona su mente, cuando se da cuenta de que lo peor que podría pasar no es de vida o muerte, ni mucho menos, o cuando es consciente de que el mayor de los riesgos es no correr ninguno. En nuestro ejemplo, cuando sea capaz, racionalmente hablando, de ponerse en la piel de esos tres animales y sentir el terror que supone tener al frente a un ser humano cien veces más grande que ellos. Igual ocurrirá con los riesgos: no son los que su mente fabrica; solo son, si es que existen.

Cuando el ser racional sea capaz de vencerse a sí mismo, estará dispuesto a perder para llegar a ganar.

Minimalismo cero

Las cosas traen recuerdos, mientras que el vacío no. Disfruta sin apegos, como lo cito desde *El día que Dios entró al banco*. Soy barroco. "¿Ves ese precioso jarrón chino?", le dije a un socio vip en mi oficina de Medellín. "Claro que lo veo". Pues bien, tuve que pelearlo, porque sentía que me iban a estafar. Lo compré en una subasta de eBay y pasaban las semanas y no me llegaba. Contacté al vendedor y manifestó haberlo enviado. No obstante, mi contacto en los Estados Unidos, quien me lo envía a Colombia, decía no haberlo recibido. Hice el reclamo y no funcionó. Apelé a eBay, pero tampoco. Soy signo libra y no me gusta la injusticia. ¿Cómo voy a pagar algo y que no me lo entreguen? Había algo raro. Contacté al vendedor con ultimátum a bordo: "Si usted no me envía ese jarrón, le hago un denuncio masivo en las redes, donde sea.

Analice si eso le conviene". El jarrón estaba en mi oficina a los quince días siguientes. ¿Por qué esta historia? Porque si no hubiera habido compra, nada tendría que contarte, no la conocerías. Las cosas tienen su propio recuerdo y sentimiento. Minimalismo nivel cero es lo que disfruto. ¿Una casa u oficina vacía? No, gracias. ¿Menos es más? Tampoco me seduce esa frase. Mis espacios son repletos de materia, de cosas que para mí son bellas y alegran mi alma, como le ocurría a Wagner, el compositor alemán, y a J. P. Morgan, el mayor banquero de la historia y fanático del arte. ¿Criticable comportamiento? Posiblemente, pero es mi estilo, mi vida. Y cada cosa tiene su recuerdo. Si no tengo nada, ¿de qué hablaríamos?

El 1 % tiene una historia que contar

El poder que tiene una historia es mantener viva una esperanza. Quien cuenta una historia ansía que le sea útil a quien la escucha. Se afirma que todos tenemos una historia que contar. Puede ser cierto. No obstante, la historia como tal y la manera en que la cuentes será lo que, en definitiva, marque la diferencia. Si la historia no conmueve o no suma a lo que necesita quien la oye o la lee, no habrá valido la pena. Por ello, siempre que contemos una historia debemos asegurarnos de que tenga, al menos, lo siguiente: primero, que se cuente como si la compartiéramos con un amigo, natural y espontáneamente; segundo, que no sea compleja ni apele a palabras que no se entiendan; tercero, que conmueva por su esencia y su mensaje (cada vez que contemos una historia tengamos presente el objetivo de contarla, es decir, qué quiero como mensaje); cuarto, no temamos mostrarnos vulnerables, puesto que esconder las emociones no ayuda;

quinto, deja siempre antojado a tu público (mejor que ansíen más a que cansemos por hablar demasiado).

Me ha sido de gran utilidad escribir un guion con la historia de mi vida. Aprendérmelo y darlo a conocer. Sugiero que lo hagas. El 1 % lo hace y le saca provecho. Te diré cómo. Ese ir hacia atrás, una suerte de viaje al pasado, te permite valorar los momentos difíciles que superaste y los logros que tuviste. Al hacerlo, te darás cuenta de que hay mucho por agradecer y por lo que debes sentirte orgulloso. De repente, te empiezas a sentir mejor contigo. La autoconfianza te invade. Esa misma que se manifiesta cuando escribas un libro basado en ese guion o cuando lo expongas ante un auditorio colmado de seres que se inspirarán con tu historia. Y, por favor, no la subestimes. Muchos de los clientes de suscripciones vip con los que me reúno han protagonizado historias épicas o, como mínimo, se encuentran en el camino de hacerlo. Curiosamente, muchos menosprecian lo que han hecho y lo consideran poca cosa. Eso es injusto y poco generoso, con ellos mismos y con quienes se harán mejores al conocerlo. Frases como "Una adicción casi me mata", "Apenas si terminé la Secundaria", "Me la pasé deprimido mucho tiempo", "He emprendido sin éxito en tres ocasiones", "Llevo cinco años luchando contra un cáncer" o "Me tocó salir adelante solo puesto que mi padre nos abandonó" suelen repetirse.

Quizá, te identifiques con alguna de esas expresiones. Tal y como lo pregono en este libro, con *la filosofía de la elección*, puedes quedarte ahí, llorando en ese sofá llamado pasado o aprovechándolo al construir una historia inspiradora. Tu historia.

Mira esto. Qué tal unos guiones o videos llamados "cómo superar una adicción", "cómo hacerse rico sin ir al colegio", "cómo vencer una depresión", "los errores que no puedes cometer al emprender", "cómo superar un cáncer y no desfallecer en el proceso" o "salir adelante sin el apoyo de tus padres". ¿Te parecen títulos interesantes?

Fantástico si respondiste que sí. Lo curioso es que son los títulos que les pondría a las historias de vida que relataron esos socios vip.

¿O derramamos lágrimas de tristeza por ese pasado difícil o de felicidad por sacar provecho de él, inspirar y hacernos ricos en el proceso? Escoge. "¿Dijiste ricos, Juan Diego?". ¡Pero claro! Nada vende más que una historia de vida épica, en la que el ser humano se transforma y pasa de la pobreza a la riqueza, de la depresión a la energía, del pecado a la santidad, del anonimato a la fama. Ya me entendiste. Eso sí que vende y produce dinero. Y te lo digo con conocimiento de causa. Uno de los temas que más les gusta a quienes me siguen en las redes sociales es el que da cuenta de mi transformación financiera. Pasar de ganar US$800 al mes a tener libertad financiera en pocos años es un guion que vende. Haber estado literalmente en ceros, luego de ser despedido de un empleo, sin ingresos pasivos, lleno de deudas y próximo a casarme, como ya te conté, a tener mi propio negocio, también vende. Si todo hubiese sido color de rosa, la historia no resultaría atractiva.

Así las cosas, que escribas tu propia historia es importante no solo para quienes se beneficien de ella, sino también para ti, que quieres exorcizar ese pasado, que deje de ser una carga y empiece a producirte beneficios. Si Matilde, la voz interior limitante que todos tenemos, intenta sabotearte, no te detengas. Recuerda que hay muchas personas que desean reflejarse en el espejo que representas, y así mejorar. Que muchas personas te necesitan y han de convertirte en un referente de vida. Que muchas personas que no han tenido ni las dificultades para aquilatarse ni el valor para superarlas que tú has tenido añoran leer y escuchar tu historia. ¿Qué esperas para empezar a escribirla y darla a conocer?

"Brebajes mágicos"

Vi un documental en YouTube con una historia surrealista. Dominique Khonde, el autoproclamado profeta evangélico del Congo, se hizo millonario, entre otras cosas, vendiendo un jugo milagroso que, según él, curaba el sida, el cáncer y muchas más enfermedades. El jugo estaba hecho a base de gasolina y limón. Si este relato te va oliendo a estafa y a ridículo, no eres el único. Comparto lo que sientes. Quienes no lo hacen son los millones de ciudadanos de ese país que le rendían pleitesía, abarrotaban los estadios en los que se presentaba y lo hacían multimillonario. No hay atisbos científicos que avalen la benevolencia del brebaje. Lo que sí queda claro es que la estupidez es infinita. Largas filas de personas se agolpan en las oficinas del señor Khonde para recibir sus consejos y dejarle, de paso, una propina voluntaria que nutra las cuentas de cientos de millones de euros que posee, en una nación de cien millones de habitantes, casi todos en la miseria. La cita con sus devotos no es precisamente una sesión de *coaching*. Puede durar segundos. En una de estas, Khonde le dijo a uno de ellos: "¿Estás tomando el jugo?". Por supuesto, respondió el acudiente. "Pues síguelo tomando. No necesitas más. Y ya está, vete, que pase el siguiente". ¡Treinta segundos duró la sesión!

Los millones de ciudadanos del Congo no representan solo a su país, también a buena parte del mundo. Ignorancia la hay por doquier, la ha habido y la habrá. Hoy, el millonario profeta se llama Dominique. Mañana se llamará José, Lucía, Martín, Enzo, qué sé yo. Habrá ignorantes y profetas. Querámoslo o no, Dominique hace parte del 1 % único, rico y famoso. Pero ese 1 % que no queremos para dar saltos cuánticos o progresos abruptos. Aun así, hay cosas del caso que me seducen, y me perdonas si me aproximo al abismo (no me lanzaré, puedes estar seguro). Aprovechar oportunidades en países pobres siempre premiará más que en cualquier otra parte. ¿La razón? Más hambre e infinita ignorancia. "¿Qué me estás queriendo decir, Juan Diego? ¿Qué haga cosas poco santas y me aproveche de los demás?". No, por supuesto que no. Pero sí que satisfagas necesidades, que te cubras con un halo de magia y poderes que te hagan lucir diferente de la luz de los que necesitan lo que tienes. Vuelve a leer lo que acabas de leer. El libro *Las 48 leyes del poder*, de Robert Greene, uno de mis preferidos, te lo corroborará. Las personas están ávidas de seguir a alguien. Ese alguien debe prodigarse en optimismo y ser albergue de posibilidades infinitas. Alcanzables o no, ya lo veremos. No lo sabemos. Ni importa, pues dependerá de cada quien.

Promete la analogía del jugo milagroso, sin mayor esfuerzo, y muchos te creerán. Encarna lo distinto y demuestra que es posible y tendrás un ejército de seguidores que darán la vida por ti. Nada produce más placer que una ilusión. Nada produce más ilusión que un placer.

Leí a Nicolás Maquiavelo cuando tenía 18 años (concretamente dos libros: *El príncipe* y *Discursos sobre la primera década de Tito Livio*; fuego puro ambos) y créeme que le pido a Dios en el momento de escribir estas líneas que pueda delimitar con precisión de relojero suizo y prudencia de reptil la frontera entre el bien y el mal, entre lo que debe escribirse y lo que no. Seguir al pie de la letra a Maquiavelo es un suicidio; e ignorarlo, otro. Celebro haberlo leído. Mucha razón analizando al ser humano tenía ese personaje, quien afirmaba:

> Cualquier hombre que intente ser bueno todo el tiempo terminará yendo a la ruina entre la gran cantidad de hombres que no lo son. Por lo tanto, un príncipe que quiera conservar su autoridad deberá aprender a no ser bueno y usar ese conocimiento, o prescindir de su uso, según las necesidades que se presenten.

Vuelvo a mi historia. Quiero que encuentres el jugo milagroso para que lo vendas. Pero que, ese sí, ayude y no engañe. Ese jugo se disfrazará de lo que le añadas. De alivio a la depresión, de oportunidad laboral, de ganancia rápida, de independencia, de paz cósmica... De tantas cosas que podrás encarnar. Hazlo. Y recuerda: que puedas dormir tranquilo, siempre.

El 1 % promete algo. La luna si es posible, afirmaba Robert Greene en *El arte de la seducción*, otro de sus fascinantes libros.

Ese 1 % no es ajeno a las fantasías e ilusiones de las personas. Su prosa es emocional más que racional. Es entusiasta y agita pasiones. No temas llamar la atención. Todo es juzgado por las apariencias y lo que no se ve simplemente no cuenta. Lo normal, y el mismo anonimato, son olvidados por la historia.

Convertirse en un imán que atrae a los demás siempre será apreciado. Las masas siempre son atraídas por lo diferente. El 1 % capta la atención de la gente y vigila no perderla. No teme ser controvertido ni polémico, ni debe escatimar por distintos tipos de atención y notoriedad, que deben ser renovados con regularidad para no producir aburrimiento.

Lo aburrido no cautiva ni transporta al ser que desea otro mundo u otra realidad. El 1 % no te habla de gradualidad, sino de cambios súbitos, inmensos y alimentados por una condición de apariencia supraterrenal, dotada de un poder místico, no de inagotables horas de trabajo y esfuerzo. El 1 % se reviste de misticismo y capacidades que parecieran ir más allá de las que poseen el común de los mortales. Para compensar las dificultades de la vida, la gente pasa mucho tiempo soñando e imaginando un futuro repleto de aventura, éxito y romance. Si puedes crear la ilusión de que gracias a ti pueden cumplir sus sueños, tendrás a las personas a tu merced. Es importante empezar despacio, ganando su confianza, y forjar gradualmente la fantasía acorde con sus anhelos. Apunta a los secretos deseos frustrados o reprimidos para provocar emociones incontrolables y ofuscar su razón. La ilusión perfecta es la que no se aparta mucho de la realidad, sino que posee apenas un toque de irrealidad, como al soñar despiertos. Lleva a la persona que deseas seducir a un punto de confusión en que ya no puede distinguir entre ilusión y realidad.

El 1 % no busca el dinero, lo atrae. ¿Un supermercado te persigue para venderte lo que quieres? No. Vas al supermercado porque encuentras lo que necesitas. Y cuanto más y mejor te satisfagan, tanto más irás a comprar. Ahora, piensa que eres el supermercado. ¿Por qué habría de ir a buscarte? ¿Qué tienes que yo necesite? ¿Qué de raro, distinto o mejor ofreces para no ir a otro lugar? ¿Has pensado en ello? ¿Eres un imán que atrae lo que otros necesitan o no sabes por ahora siquiera lo que tienes y, mucho menos, qué habrás de ofrecerles? "Juan Diego, no me gusta lo que he recibido de la vida". Entonces cambia lo que le das.

El valor de las cosas

Hablando de dinero, casas e inversiones, te puedo decir algo que me ha mostrado la experiencia: casi nadie conoce el verdadero valor de las cosas. Soy especialista en finanzas y los métodos tradicionales sobre cómo valorar un activo hoy, con los años que tengo, me parecen secundarios. Compartimos con la familia de mi esposa una casa junto a la playa, a 35 minutos de Cartagena de Indias, en Colombia (no te mueras sin conocer esa ciudad). Si la fuésemos a valorar con rigor, financieramente hablando, no valdría mucho. Genera gastos y pocos ingresos. Pero ¿la vendemos? ¡NO! Ni se te ocurra. Hay cosas que trascienden las finanzas y el dinero. ¿Muy romántico? Seguro. ¿Y qué hay de malo en ello? Valora por cualquier método una salida a correr con mi hijo Miguel por la playa, o contemplar un atardecer con Mariana, mi hija mayor, o una semana solo y en el más absoluto silencio, dedicado a escribir e inspirarme junto al mar para que un nuevo libro vea la luz, para saber cuánto vale eso. "No se puede valorar, Juan Diego". Pues bien, fantástico, soy millonario. La inversión más rentable es ser feliz, con lo que eso signifique para ti. Nos han propuesto vender la casa dizque para poner a producir ese dinero más eficientemente. ¡No, gracias, no nos interesa! La felicidad no tiene precio. Antes creía que el valor de un activo era lo que pagaran por él, pero hoy considero que vale lo que importe para mí.

Migro a otra inversión. Conocí un cuadro del maestro Alejandro Obregón que valía $14 millones en 1989, y, en 2020, en plena pandemia, costaba ya US$300 000 (más de $1000 millones en ese momento), y fue adquirido por un inversionista colombiano. Aun así, había gente que decía: "Para qué tanto dinero colgado de una pared". Me pregunto si no es mejor afirmar: "¿Para qué tanto dinero en un banco, que no disfrutas y que todos los días pierde valor?". Vaya tema relativo ese de ponerle valor a las cosas. Ni conscientes somos de lo que pagamos. La comida chatarra no nos cuesta unos pocos dólares, también nos va costando la salud. La suscripción a Netflix no es tan barata como creemos, también vale nuestro tiempo. WhatsApp no es gratis, también nos cuesta la independencia. Tampoco es gratuito hablar, el precio es dejar de pensar y escuchar. El salario no es lo que nos pagan, también es lo que dejamos de ganar por no emprender. Suficiente ilustración.

Menos impuestos

Corre por mis venas la frase: "El impuesto castiga al que hace las cosas bien y premia en ocasiones al que no hace nada". Impuesto significa "obligado", es decir, hacer algo por la fuerza. Es un mandato. Evadir impuestos es ilegal, pero estar a favor de alternativas lícitas para pagarle menos impuestos a un gobierno corrupto es humano. El impuesto exprime a esa minoría que se esfuerza por traducir su habilidad en mayores ingresos.

Al talentoso le dicen: "Te felicitamos, eres muy inteligente y productivo, y gracias a ello deberás ahora pagar más impuestos, compartir el resultado de tu genialidad con quien no ha hecho nada, con quien no sumó a tu logro y con aquel que solo espera a que tu fortuna vaya en aumento para seguir viviendo de ella".

En ocasiones, es todavía más repulsivo lo que ocurre. Compras 1000 acciones a US$10. Informas al Gobierno que tienes US$10 000 en acciones y pagas los correspondientes

impuestos. Sin que el Gobierno mueva un dedo, las acciones suben a US$100 el año siguiente, por ejemplo. Tienes
ya US$100 000. Y parte de esa valorización, vuelves y se la
pagas al Gobierno, otra vez, vía impuestos. ¿Injusto? ¡Claro!
Totalmente. El Gobierno no hizo nada para que las acciones subieran. Lo hizo la empresa, por medio de una mejor
gestión, lo que disparó el precio de sus títulos. Lo hiciste tú:
aguantar y no vender. Pero el Gobierno termina recibien-
do más, puesto que ya tienes más dinero. Eso sí, si la acción
hubiera caído de precio, esa pérdida transitoria te perte-
nece: es toda tuya. El Gobierno no te devolverá nada de lo
que le has pagado, ni te rebajará el porcentaje de tributa-
ción que te cobra. Resumen: el Gobierno nunca pierde. Tan
irritante escenario se torna insoportable en países socialistas, donde se pretende igualar a lo que no es igual. El talentoso termina bifurcándose: o decide irse de esa suerte de
cloaca a la que llaman país, para respirar y desarrollar en
otro lugar sus habilidades y su derecho a producir, vender y
competir, o, por el contrario, terminará dejándose someter,
en una especie de muerte en vida, en la que lo "vuelven igual
a los demás", por mandato de un Estado insaciable, opresor
y demencial.

Por ello, no es fortuito que en los países comunistas los
niveles de emprendimiento e innovación sean tan bajos.
"¿Para qué voy a emprender si terminaré regalando mi trabajo a quien nada hizo?", se preguntaría el emprendedor.
O también "¿Para qué ser más eficiente y lograr mayores
ganancias si ellas terminan subsidiando al ejército de pere-
zosos y mediocres que patrocina el comunismo y que, a propósito, les sirven de caldo de cultivo a sus dirigentes para
perpetuarse en el poder?", se preguntaría el empresario.

¿Sabes cuál es la consecuencia de que unos y otros se vayan o de que se mimeticen en la sociedad? Lo que ves en la realidad comunista: miseria por doquier. Acabaron con la gallina de los huevos de oro, la estrangularon y despojaron de su última pluma, todo para alimentar, por un tiempo, a quienes fueron incapaces de procurarse su propio alimento.

Son ellos, los gobiernos voraces, los que más agobian al 1 %. Y es allí donde se asfixia tanto a la idea como al emprendedor y donde se premian tanto al letargo como al parásito.

Y es que resulta bastante popular, y los políticos demagogos se aprovecharán, cobrarles impuestos a los ricos, puesto que son quienes más tienen. Todo parece correcto con esa sentencia, dirán los "adalides de la equidad y la justicia social". Pero, al estar de acuerdo, el pobre reconoce su incapacidad para producir dinero y su necesidad de que otros lo mantengan. Ni siquiera cuando fui pobre, y hablo en primera persona, pues ya me hierve la sangre, llegué a invocar la ayuda de los ricos para pagar mis deudas y salir adelante. Si me hubiesen ayudado, habrían saciado el hambre, pero la incapacidad para pescar hubiese quedado intacta. Por ello, siempre tuve presente no depender de terceros y buscar mi propio sustento.

Ese *tax the rich*, o cobrarles más impuestos a los ricos, tiene mucho seguidor que se levanta tarde y se acuesta temprano. Basta que anuncien esa decisión para que todo el ejército de parásitos queme pólvora, eleven a la condición de héroe nacional al protagonista de "tan justa medida", le manden a hacer una estatua y lo llenen de votos en las próximas elecciones. ¿Pero sabes? Seguirán igual de miserables, abriendo la boca para que les provean el alimento que ellos mismos, con sus manos, cerebro, ambición y propósito de vida deberían procurarse.

El resumen del 1 % que siente náuseas ante casos así es este: a mí no me den nada, no me hagan ese mal, que yo conseguiré por mi propia cuenta lo que necesite.

Amables lectores, a buscar un asesor tributario rapidito. No vaya a ser que sus ganancias terminen siendo disfrutadas por sanguijuelas, que mucho reclaman y poco merecen.

Cómo negociar mejor

La negociación típica entre comprador y vendedor la podríamos llamar "el tira y afloje". Si compras a 100 y te venden a 200, el precio gravitará por los 150, posiblemente. ¿Eres vendedor? Pide 1000. ¿Eres comprador? Compra a 10. Y oblígate a no sentir nada cuando lo hagas. Muéstrate desinteresado, sin ganas, que no te "sientan el hambre", y deja entrever que tienes más opciones para escoger. Warren Buffett, legendario inversionista, solía decir:

> **"Cuando estés vendiendo, no temas pedir alto; cuando estés comprando, no temas pedir bajo". La timidez juega en tu contra. Eres tímido y pagas alto, o eres tímido y vendes bajo.**

La razón por la que haces eso pasa por ser condescendiente o "muy humano" con tu contraparte. "Qué pesar, pobre, no lo castiguemos tanto" son expresiones que irrumpen. Ten la seguridad de algo: la persona con la que haces el negocio no hará nada que no pueda. Si te vendió barato, era porque podía hacerlo, y si te compró caro, también, y sea lo que signifique la palabra *podía*: lucro, experiencia, necesidad, deshacerse de algo, lo que fuere. Total, si crees comprar a precio de ganga o haber vendido muy alto, siempre nos faltará más para que eso sea totalmente cierto.

"Juan Diego, no es mucho dinero por una conferencia de dos horas". Eso me lo expresaron cuando coticé un evento para el exterior. A lo que repliqué: "Mi conferencia no dura dos horas. Dura toda la vida, puesto que sus efectos te los llevarás hasta la tumba. Me escuchas hablar durante esas dos horas, pero lo que expreso me ha tomado años prepararlo. Así, es esa experiencia por la que me pagas, no por dos horas. Además, y como podrás comprobarlo, nada es caro si se justificó con creces pagarlo". La conferencia se hizo.

Cómo hacer que las cosas pasen

"Puse un canal en YouTube, Juan Diego, esperemos que crezca". Jamás digas eso. No esperes a que las cosas pasen, haz que pasen. Mira este ejemplo, que te será útil para un progreso rápido, y escribo en primera persona: *El día que Dios entró al banco* vio la luz en el momento en que empezaba la más atroz pandemia de los últimos cien años: la covid-19 o coronavirus. Antes de publicarse el libro, había decretado en las redes sociales que sería un *best seller*. Me gusta decretar, públicamente, lo que quiero que ocurra, pues, al hacerlo, me responsabilizo del resultado y me impongo presión. Ahora bien, al hacer el decreto ni siquiera sabía qué era una pandemia, te soy sincero, y cuando empezó, en una mezcla de ignorancia e irreverencia, no solo la subestimé, sino que me llegué a reír de quienes se ponían un tapabocas por el "tal virus de China". Otra sería la realidad más adelante, y mi actitud frente al tema también. Lo cierto es que luego del 20 de febrero, día del lanzamiento del libro, me dijeron: "Difícilmente podrá ser un *best seller* a corto plazo. Primero, porque la mayoría de las ventas de sus libros provienen de librerías, que estarán cerradas. Segundo, puesto que ya no podrá vender los libros en los eventos masivos que organiza, por una simple razón: no habrá eventos. Los aeropuertos también están cerrados". Lejos de desanimarme, esas palabras fueron un estímulo. Me puse una meta: "Que el nuevo libro sea un *best seller* en pandemia", y así lo socialicé con mi equipo de trabajo para que me ayudara a convertir ese eslogan en realidad. Esa clase de retos le dan sentido a la vida e impregnan de épico un propósito, lo que no es poca cosa. Y, para resumir, así fue: en marzo de 2021, me informan del Grupo Planeta que, dadas las ventas del libro en el continente, técnicamente ya se podía considerar un *best seller*. La moraleja es simple: no hay excusas. Las excusas son para los perdedores, y de razones se llenan ellos para justificar incumplimientos. Yo decreté un *best seller*, sí o sí. No dije: "Este libro será un *best seller*, salvo que haya una pandemia". "Muchas palabras me han sido dadas, y algunas son sabias, otras falsas, pero solamente tres son santas: "Yo lo haré", citaba Aynd Rand en su libro *Anthem* (*Himno*) en 1938.

No tengas temor a decretar lo que quieres. Y haz público tu decreto, a cuatro vientos, sin temor alguno. Cuando haces eso, no alardeas, solo te pones más presión para lograrlo. Y a mayor presión, mejor el diamante. Así piensa y así actúa el 1 %, que va de CERO a RICO. Frótate las manos. Ya mismo. Vas acumulando información que te llevará a buen puerto.

Mayorías y minorías

Si quieres comprar cosas sin que te importe el precio, ponte a trabajar sin que te importe la hora. De 9:00 a. m. a 5:00 p. m. trabajan muchos. El secreto está en lo que haces de 5:00 p. m. a 9:00 a. m. Las diferencias en la vida no se marcan en el horario de trabajo, sino en el tiempo libre. El 99 % afirma: "No tengo dinero, por eso no gasto". El 1 % dice: "No tengo dinero, por eso gasto, y así me obligo a conseguirlo".

¿Ves cómo cambia la ecuación? El 99 % permanece igual. El 1 % no conoce la palabra *miedo*, y si la conoce, se apalanca con ella, la siente como un impulso, como lo destacábamos en *Menos miedos, más riquezas*. Jack Ma, fundador de Alibaba, sostenía: "Si pones un plátano y dinero delante de un mono, el mono escogerá el plátano, porque desconoce que el dinero puede comprar muchos plátanos. De igual manera, si pones un trabajo fijo o un negocio delante de la persona promedio, escogerá el trabajo fijo, puesto que desconoce lo que el negocio le puede dar".

Ese 1 % que optó por emprender y asumir riesgos puede terminar viviendo debajo de un puente o ser millonario. Pero tendrá siempre opciones. La opción del 99 % es cruel: seguir pobre. Un destino cierto y perverso que he atestiguado en incontables ocasiones.

Hace treinta años me dedico a las finanzas; concretamente, a invertir, enseñar y asesorar. Según esa experiencia, te puedo afirmar lo siguiente: la realidad financiera de una persona se basa en lo que cree que sea posible lograr. Nada cambiará en su vida hasta que esa realidad cambie, y eso se consigue cuando sea capaz de superar los miedos y las dudas que a sí misma se ha impuesto. Sugiero lo vuelvas a leer.

Logros

Podemos tener más de lo que tenemos por la simple razón de que podemos ser más de lo que somos. Ser más equivale a tener más opciones. Así como un nuevo idioma te permite abrir nuevas puertas, también ese nuevo idioma te hace más. Si no fuera así, la subjetividad se impondría por encima del logro.

Nadie discute con el logro. La mejor forma de espantar al crítico, o hater, es mostrarle números y resultados. En cualquier momento, para liberarte de él basta que le preguntes: "¿Y tú qué has hecho?".

Así, el logro equivale al número, y este es lo que llamamos ser más. Eres más escritor tras haber escrito 50 libros que habiendo escrito solo uno. Los 49 de diferencia son experiencia que capitaliza el libro 50. Para atraer más, hay que convertirse en más. ¿Quieres una mejor pareja? Sé una mejor persona, con más virtudes y más logros. Consigues lo que eres y no lo que quieres.

El logro sí que importa, no tanto el esfuerzo o el proceso. Repetidos esfuerzos que no se traducen en logros de poco sirven. Lleno está el mundo de jugadores de fútbol que dicen haber "sudado la camiseta", pero perdieron; o empleados que "trabajan de sol a sol", pero que siguen pobres. El esfuerzo no basta. "No tengo logros, Juan Diego, por más que trabajo".

Si quieres cambiar el resultado, cambia el proceso. Para cambiar el efecto, debes cambiar la causa. Maldecir el resultado sin modificar lo que lo provoca es de necios.

¿Atisbos para mejores logros? La desesperación arrastra al cambio. Es un impulso, una fuerza, no un atraso. Otra fuente de cambio orientado al logro es la inspiración, que viene de un libro, una vivencia, una conversación o un referente que modeles. La inspiración es más posible cuando hay una razón para inspirarse. Si hay hambre, me inspiro para encontrar comida. Si estoy lleno, la inspiración para buscarla no llega. No la necesito. Un perro con la barriga llena no sale de cacería. El éxito es una droga, pero el conformismo es otra. Dale a un conformista entretenimiento, comida chatarra, licor y más horas de sueño, y ahí estará, adicto por completo. Panza llena e inspiración en cero.

Debido a ello es mi insistencia por tener un propósito y exigirte listones más altos, para que jamás llegue el conformismo, y así busques nuevos logros. Si te pones por meta un emprendimiento dentro de un año, eso te tomará. Si cambias esa meta a seis meses, eso te tomará. La diferencia no será solo el tiempo, sino tú, que te habrás exigido mucho más. Y ya sabes lo que ocurre cuando te exiges más: logras más, te transformas en otra persona. Si no hay propósito y hay conformismo, no hay inspiración. Hay una diferencia grande entre vivir como se quiere y vivir como se puede. El inspirado termina viviendo como quiere, mientras que el conformista como puede.

Diferencia también entre una virtud que tengas y una habilidad de altos ingresos que poseas. Puedes ser honrado y detallista, pero esas virtudes no pagarán la hipoteca de tu casa.

Son virtudes, claro, y muy importantes, pero no mueven la caja registradora. Por el contrario, si eres un gran vendedor, orador, escritor, cocinero, trader o cantante, por solo citar algunos ejemplos, eso sí que pagará la deuda con el banco. Pon esas habilidades de altos ingresos al servicio de tu negocio. Con determinación y hambre. "No tengo negocio, Juan Diego". Pues que sea la oportunidad para tenerlo y emprender. Entregamos muy fácil nuestro dinero a personas o empresas de las que no sabemos nada. No tenemos la certeza de qué harán con él. Curiosamente, nos negamos ese dinero y desconfiamos del uso que le daríamos. No debe ser así. ¿Por qué? Porque si me quiebro, aprendí e iré hacia delante ("Qué tanto es una vuelta más para un ventilador"); pero, si a quien le di el dinero se quiebra, será él quien habrá aprendido. Y ten presente que estoy hablando del peor escenario. El escenario pesimista que tanto disfruta

Matilde. ¿Y si la rompes y tu negocio es todo un caso de éxito? Recuerda siempre:

Los empleados hacen ricos a sus jefes, los deudores hacen ricos a los bancos, los consumidores hacen ricos a los negocios a los que compran, los ciudadanos hacen ricos a los gobiernos por los impuestos...; pero los inversionistas y los dueños de su propio negocio se hacen ricos a sí mismos.

El dinero en el banco no se multiplica. Conserva entonces tus virtudes y, por favor: identifica y potencia tus habilidades de altos ingresos. Te darán logros, serás más, y las finanzas boyantes y el progreso rápido no serán términos que te eludan. Es curioso que las personas entren en pánico cuando la batería de su teléfono móvil está próxima a perecer; pero no sienten lo mismo cuando el tiempo pasa y lo que mejor hacen no lo ponen al servicio de su propia causa.

"Qué fácil decir eso cuando identificas tus habilidades de altos ingresos. No es mi caso, Juan Diego. ¿Qué hago si no las he identificado?". Mi respuesta es esta: el trabajo duro derrota el talento cuando el talento no trabaja duro. La capacidad que tengas para trabajar de sol a sol es una habilidad también. No todos la tienen. Total, ya te estarás diferenciando de aquellos a los que les basta trabajar de 9:00 a. m. a 5:00 p. m. o de 8:00 a. m. a 6:00 p. m., y que, sin sonrojarse, preguntan siempre cuándo es el próximo día festivo para poder descansar más o en cuánto se incrementará su sueldo para el año que viene. Esa es la mayoría, no tú, que lees este libro.

Contra quién me comparo

Cierto día encontré esto en una red social: "No me interesa quién lo está haciendo mejor que yo. Yo lo estoy haciendo mejor que el año pasado. Compito conmigo mismo, y eso es lo que importa".

Es probable que te sientas identificado con esas palabras. De hecho, me gustan como a ti, y quiero ser mejor de lo que fui ayer. Estar mirando el progreso de los demás puede ser agotador y frustrante. Pero tengamos mucho cuidado con esa frase de la red, que supone un gran peligro: creer que estamos haciendo mucho, cuando, quizá, no estamos haciendo nada. Te lo explicaré con dinero, que tanto nos gusta.

Supón que el año anterior ganabas US$1000 al mes y que durante el año actual tus ingresos ascendieron a US$2000. Un incremento del 100 %. Felicidad total. "Estoy mejorando", podrás decir. Y sí que lo estás haciendo. ¿Pero qué tal si le damos una mirada a lo que pasa afuera? Mientras ganabas US$1000 otros hacían US$100 000. Tienes dos opciones: decir "¡Qué me importa, qué bueno por ellos!", y seguirás igual, o preguntarte: "¿Qué carajos será lo que hacen para ganar US$100 000 al mes, viajar tanto, comprar la casa de sus sueños y tener más tiempo para disfrutar con su familia?". Solo por un momento escoge esta última opción. Analizas qué hicieron esos que ganan US$100 000, consigues información de cómo lo hicieron, modelas sus hábitos y ¡EUREKA! ¡Funciona! Lo que aprendiste lo has puesto en práctica y pasas de ganar US$1000 a US$1900 al mes. Una mejoría, al fin y al cabo. Ahora, tu punto de partida para medir tu progreso futuro son US$1900, ya no son US$1000. Tu base de comparación ha cambiado. Y ahí está la clave. Si pasas a ganarte US$2000, a partir de US$1900, tu incremento ya no habrá sido del 100 %. Tan solo acumulaste US$100 más al mes, lo que en buena letra equivale a un incremento exiguo del 5,26 %. (US$2000/US$1900). Alguna moraleja deberá desprenderse de un ejemplo tan simple como este. Aquí va: si queremos saltos cuánticos, progresos abruptos, no podemos aislarnos, taparnos las orejas y decir que nada nos importa. No hagas eso. Vuélvelo a leer. Habla con más ricos que tú, visita países con mayor desarrollo que el tuyo y modela a referentes en el tema de tu interés. Personas que hayan recorrido los caminos que deseas transitar. Si después de hacerlo, decides no hacer nada y sigues pensando que vas bien, perfecto, no hay lío. Cada quien se cocina en su propia sopa. Si, por el contrario, te dan un baño de realidad, te aterrizan y enfrían tu soberbia, o conformismo, tanto mejor. No eres una isla. Hay que modificar la base o punto de partida, subirla, para que así el progreso sea más rápido. Te gustaba el 100 % de incremento, ¿verdad? Fantástico, ahora debes ganar US$3800 al mes para conservar ese 100 %, no US$2000, con el que te sentías tan cómodo. "¿De dónde salieron los US$3800, Juan Diego?". Fácil, es el doble de los US$1900 mensuales que te ganaste por mirar hacia afuera y exigirte.

¿Quieres ejemplos de carne y hueso para avalar lo expuesto? Maravilloso. Tengo decenas. Aquí van solo dos frutillas para poner encima del pastel. Ferruccio Lamborghini tuvo que conocer a Enzo Ferrari para ser quien fue. Ferrari lo subestimó cuando le dijo: "Tú no distingues entre un auto de carreras y un tractor". ¿Recuerdas esa historia? "Ya veremos", se limitó a responder Lamborghini. Hoy, sus empresas compiten y se hacen más grandes haciéndolo. Igual ocurrió por tanto tiempo con Cristiano Ronaldo y Lionel Messi: fueron lo que fueron, entre muchas otras cosas, porque existieron al tiempo y competían entre sí. Y más allá de que lo reconozcan o no. Si uno no existiera, el otro no sería el que fue, posiblemente. No siento cátedra, pero considero que se potenciaban.

Hay personas que tienen un auto y se sienten ricas, puesto que sus vecinos del barrio no tienen ninguno. Hasta que se cambian de barrio, para uno mejor…

Estoy seguro de que me has entendido los ejemplos. Suficiente ilustración. Mirar para adentro, sí. Mirar para afuera, ¡también!

Tips poderosos a la hora de invertir

Diversificar en exceso es una forma de protegerse contra la ignorancia. Poner muchos huevos en pocas canastas que haya estudiado me ha sido más útil que la receta tradicional de no poner todos los huevos en la misma canasta. Más importante que estar muy diversificado, es estar bien focalizado. Una cosa es diversificar por convicción, esto es, escoger varias alternativas de inversión, puesto que se conocen las bondades de cada una, y otra bien diferente es diversificar por moda. El 10 % de un portafolio te puede pulverizar la ganancia del 90 % restante. Si ese 90 % subió un 10 % durante un periodo, pero el 10 % restante cayó un 90 %, la rentabilidad de tu portafolio es cero. ¿Qué te quiero decir? Que una manzana podrida contagia a las demás.

Especula más quien invierte en lo que no conoce que quien especula en lo que cree conocer. Si una inversión te da una rentabilidad alta en un lapso corto, puedes vender, y con lo que signifique alta para ti. Nadie se quiebra vendiendo con utilidad, recuérdalo. No pasa nada si te llaman especulador. Otros no vendieron y perdieron la oportunidad. ¿Y eso no es especulación? Hay inversionistas que compraron una acción a US$100 y veinte años más tarde la acción valía US$10; no reconocieron su error a tiempo y dejaron de poner esos recursos en otra alternativa. Aun así, se hacen llamar inversionistas de largo plazo. ¿No es esa una especulación?

Un *microtrader* o *scalper* hace varios negocios en minutos. Si sabe lo que está haciendo, gane o pierda, será menos especulador que quien invierte a largo plazo, pero no supo ni en qué lo hacía. Hay plataformas que uso en las que puedo vender minutos después de comprar, si así lo quisiera. Si en un lapso breve ganas lo que ya querías ganar, no te quedes toda la vida con esa inversión. Y con eso no te quiero decir que hagas *microtrading*, de hecho, cada vez invierto más a largo plazo, como lo sugerían Benjamin Graham y Warren Buffett. Solo quiero citarte opciones que tienes para invertir.

Y hablando de invertir, cómo volver alta una rentabilidad baja es, desde mi punto de vista, uno de los temas más útiles para alcanzar la libertad financiera. Nadie está exento de una mala inversión. Lo importante es darle la vuelta y convertirla en una buena.

Mira este ejemplo simple:

Inviertes US$10 000 y al final del año tienes US$9000. Conclusión obvia: perdiste el 10 % de tu inversión

Mientras tanto, en otra alternativa de inversión, una acción A pasó de valer US$10 a US$5. Conclusión obvia: se desvalorizó el 50 %.

Acciones de A que compraba cuando invertí US$10 000: US$10 000/10 = 1000 acciones

Acciones de A que compraba cuando tenía US$9000: US$9000/5 = 1800 acciones

Moraleja: vigila qué cae mientras tienes una inversión, para que después compres más unidades de ella, a la espera de que suba.

¿No sabes en qué invertir?

"¿En qué estás invirtiendo, Juan Diego?". "En Baidu, Alibaba, Coinbase Global y BBH, un fondo de biotecnología", afirmé en su momento. "¿En qué, perdón?". Repetí lo que dije solo para darme cuenta de que sí me habían oído. Simplemente, mi interlocutor no tenía la menor idea de lo que había dicho. Le expliqué que se trataba de un par de compañías chinas, subvaluadas en ese momento, de una exchange de criptomonedas y de un fondo de acciones, conocido como ETF, del sector de biotecnología.

Si somos muy básicos en nuestras inversiones, es probable que lo seamos con nuestros resultados. No es invertir en lo más sofisticado, por el mero hecho de aparentar. Pero, por favor, una cuenta de ahorros, con rendimientos que no superan la inflación, a estas alturas del siglo XXI, no es tu mejor carta de presentación.

Mucho dinero en una cuenta de ahorros tiene varios significados. Por un lado, excesivo temor a perder dinero, lo cual lleva a quererlo asegurar. Quien ahorra así desconoce el efecto de la inflación sobre el dinero. Si ganas un interés del 1 % anual, mientras que la inflación es superior a ese porcentaje, estás perdiendo capacidad adquisitiva. Tener liquidez es necesario, pero tener tanta, produciendo tan poco, equivale a que tengas que trabajar muy fuerte para compensarlo. Por otro lado, el dinero en una cuenta de ahorros es desconocer más opciones de inversión que la reemplacen. Mucho dinero en una cuenta de ahorros te brinda tranquilidad y te aleja de la presión. Poco dinero, por el contrario, hace que te exijas para ir por más, como si no lo tuvieras. Ten lo suficiente para cubrir seis meses de gastos. Pero no más. Haz de cuenta que no tienes nada líquido, para que sientas que debes generar nuevos ingresos día a día. La zona de confort equivale a una cuenta de ahorros. Warren Buffett afirmaba que los pobres gastan, la clase media ahorra y los ricos invierten.

Una cosa es tener dinero para darle una destinación específica a un corto plazo. Todos lo hemos hecho y no hay lío alguno con eso. Pero otra bien distinta es que estén ganando nada los recursos que deberían estar invertidos en activos más rentables que aseguren tanto tu futuro como el de tu familia. Miles de dólares ganando el 1 % anual, o menos, en medio de tan basto universo de posibilidades para invertir dan cuenta de algo inequívoco, una suerte de realidad atroz: no has hecho la tarea. Eres aún muy básico, como tus rentabilidades. Tu solución se desprende de tan cruel sentencia. Hazla. Sofistica tus inversiones, estudia, pregunta, investiga. Si te ganas el 1 % y tu vecino el 30 % no me digas que "Allá él", "Qué bien por él", "No me importa o "No me debo estar comparando con nadie". ¿Quién te dijo semejante estupidez? Por qué mejor no vas y hablas con ese vecino, le preguntas qué está haciendo y, de paso, hasta lo conviertes en tu nuevo y mejor amigo. No eres una isla, recuérdalo. Si con esas palabras persistes en no compararte con nadie, hazlo contigo mismo. ¿Cuánto ganabas al mes hace diez años y cuánto ganas ahora? Que no haya temor en ir a las entrañas mismas de tu realidad. Si no te mides, no mejoras.

Hagamos algo. ¿Qué ocurriría si nos encontramos mañana y te preguntara por los cinco mejores destinos que le darías a US$1 millón? ¿Tendrías clara la respuesta o qué decirme? Para por un momento la lectura de este libro y piensa cuál sería. Si en 20 segundos, que no es poco, no la encuentras, quizá, te debas exigir más. Y eso estará bien. Como tú, también lo hago. Que no estemos cortos de respuestas: nos esperan una casa fantástica, unas mejores vacaciones, un yate (¿por qué no?), un Ferrari, múltiples fuentes de ingresos, obras de arte, filantropía y una vida libre de deudas. ¿Te suena? A mí sí, y mucho, y voy por eso, pues, como a ti, me visitó el conformismo, pero jamás le he abierto la puerta.

Tatúate esto y no te faltará dinero

Un socio me dijo que le faltaba autoconfianza. Las razones que adujo fueron su tono de voz y tartamudez, las mismas que yo no había percibido en una hora de conversación. "¿De qué me habla?", le pregunté. "Su tono de voz es normal y no lo he visto tartamudear, al menos que recuerde". Acto seguido, le pregunté por Anthony Robbins: "¿Lo conoce?". "No tengo la menor idea de quién es", respondió. Le dije que era un famoso coach, además de escritor e inversionista. ¡Y con un tono de voz terrible !, por cierto. "¿Qué tal —seguí diciendo— que él se hubiera concentrado en su tono de voz en vez de hacerlo en todas las fortalezas que posee?". Hoy no sería quien es, conferencista también, razón por la cual su tono de voz sí que importa. Aun así, y soy testigo, llena escenarios con 10 000 personas, a las que no les importa tanto la forma en la que se expresa como lo que puede decirles y en lo que puede ayudarles. "¿Me entiende?", le pregunté.

Es curioso ver cómo las personas se sabotean. Cómo se concentran en lo que no tienen (¡y a veces lo tienen!), en vez de enfocarse en lo que poseen y hacen bien. Cómo se venden mentiras y construyen pesadillas. Cómo se inventan defectos que solo ellas perciben. Basta ya, por favor. No inventes más cosas malas sobre ti. Si solo crees hacer algo bien en la vida, hazlo mejor cada día y todo el día.

En algún momento, debes responderte esta pregunta: "¿En qué tema o actividades soy un *crack*?". Puedes hacer muchas cosas bien. Otras apenas si las haces. Más importante que cualquiera de esas dos categorías es precisar en cuál sobresales. Definir cuál de ellas será tu actividad de altos ingresos. Resulta útil que en este punto no te confundas: las actividades o destrezas clave no son algo que solo te guste. Tampoco es lo que haces bien o en lo que quisieras sobresalir. Te hablo de la razón única por la que estás en este mundo y que la mayoría obvia a lo largo de su vida, muriendo sin un dólar y dependiendo de una pensión. Si tengo problemas de dicción, podría ser un gran orador. Puedes serlo, pero mi sugerencia es que no partas de cero. Esto es, aprovechar lo que se te da y perfeccionarlo, no que tengas que esforzarte con algo que la naturaleza no ha concedido ni la experiencia ha brindado. Demóstenes fue un gran orador, a partir de una condición de tartamudez aguda.

No son muchos los ejemplos así, comparados con quienes mejoraron lo que la vida misma les dio. Muchos encuentran ese algo en la niñez, mientras otros se demoran en hallarlo. Si tienes la suerte de los primeros, no descanses en mejorar. Mozart y Beethoven caben ahí, en ese ejemplo. Precoces, brillantes e insaciables. Lionel Messi también encaja en ese patrón. Si, por el contrario, tardas en hallar ese algo que te distingue y por lo que viniste al mundo, ensaya, procesa y saca conclusiones. No desfallezcas en buscar ese elixir que le da a tu vida un nuevo sentido. No se trata de probar suerte en cien actividades para encontrar una, sino de, mientras vas probando, evaluar cuál es mejor y en cuál te sientes diferente. Descarta desde el principio aquellas que no disfrutas y que difícilmente llegarías a hacer bien. Me encanta la pintura, pero soy terrible para pintar. Total, la pintura quedó descartada desde muy temprano. Lo que tenga que ver con arte manual nunca se me dio. A veces, los seres humanos le damos golpes a la pared con la cabeza con la pretensión de derribarla. La pared sigue igual, nosotros no. No te puedes tomar una botella de *whisky* sin emborracharte. Una cosa es perseverar y otra distinta ser testarudo. El tiempo apremia y la búsqueda de esa actividad que genera altos ingresos exige testeo, pero, ante todo, razón.

"Qué hacer con tanta plata"

Esa pregunta no la hizo Jeff Bezos, ni Bill Gates, ni Carlos Slim, ni Elon Musk, algunos de los hombres más ricos del mundo en un momento. Me la hizo alguien que gana poco dinero y a quien le dije cuánto ganaba por conferencia.

La pregunta que surge es: "¿Por qué los más ricos no ven con preocupación la llegada de mucho dinero y los pobres sí?". Una luz me llega para responder ese interrogante: con el fin de tener la fortuna que los ricos tienen, primero, se educaron financieramente para crearla y, luego, multiplicarla. Su disco duro financiero es de infinitas gigas, suficiente para almacenar lo que poseen y mucho más. Son insaciables y no se conforman. Quien cuenta con poco, por el contrario, carece de educación financiera y, en tal virtud, desconoce qué haría cuando el dinero llegara. Los muy ricos saben qué destino darle a un dinero antes de que llegue. Se anticipan y cuentan con un equipo para darle el mejor uso. Desde asesores en inversiones, abogados, contadores y tributaristas, hasta cazadores de ofertas, nuevos negocios, lobistas y expertos en *marketing* digital.

Los pobres suelen no saber qué hacer con el dinero, ni teniéndolo en la mano. Se sienten encartados, razón por la cual no invierten sino que ahorran, se desprenden del dinero como si quemara sus manos, que termina en un banco o en inescrupulosos que prometen altos y garantizados intereses, comúnmente conocidos como pirámides o esquemas ilegales de captación.

Cuando vas acumulando mucho dinero, tienes que aumentar tus conocimientos financieros y rodearte de un equipo que te ayude a darle buen destino. Me llama también la atención lo que significa la palabra mucho para unos y para otros. Para unos mucho es nada, mientras que para otros no cabe en sus cabezas. Cada cual se satisface distinto, razón por la que siempre deberás dejar espacio en ese disco duro para que puedas llenarlo con más dinero.

En 2000, alguien me dijo: "Llegará un día en que para usted sea más fácil ganar US$20 000 mensuales, de lo que es hoy ganar US$1000. No entendí lo que me quiso decir, solo el tiempo me permitió comprenderlo. Lo que tengo en mi cerebro, y que vienes acumulando en el tuyo, lo hicieron posible. Lo que tienes en tu cuenta solo es el reflejo de lo que tienes en tu cabeza. De ahí la necesidad de nutrir tu cerebro con información que te permita vivir como quieres. Solo vives lo que consideres posible, solo disfrutas lo que has recreado en tu mente antes de ganarlo.

Paga el precio

"Juan Diego, quiero viajar, pero no me gusta empacar". Eso es similar a decir quiero dinero, pero no me interesa saber cómo invertir. La inconsistencia es letal para quien desee progresar. Si queremos una cosa, debemos estar dispuestos a pagar el precio para conseguirla. Te has preguntado, por ejemplo: "¿Por qué tantas cosas gratis que existen hoy en internet no producen más millonarios?". La respuesta descansa en que, si algo vale, hay que pagar por ello. Los pobres desean todo gratis. Los ricos saben que hay que buscar valor. Si pagas US$1000 por algo que te produjo US$10 000, no has pagado nada. El precio se justificó. Los pobres, por adelantado, te dicen que US$1000 es mucho dinero. Si examinas cuántas inconsistencias tienes en un día, encontrarás lo que explicaría tus resultados financieros. Ahora bien, lo útil es cómo salir de ese círculo vicioso. Te tiene que gustar mucho viajar y el dinero para pagar el precio. Si no te gustan lo suficiente, sigues igual. Piensa en este momento cuántas veces eres inconsistente. Si lo deseas, te puedo ayudar. Quieres reducir de peso, pero no vas al gimnasio. Quieres una sonrisa fantástica, ganadora, pero no visitas el odontólogo. Quieres hablar mejor, pero no lees. Quieres broncearte, pero no soportas un bronceador encima. No estoy aquí, ni escribo esto, para darte palmadas en el hombro y decirte que todo está perfecto. Lo hago para sacudirte, para que el limón haga lo suyo en la herida. Alguien te lo tenía que decir, y lo haré yo, que desde ya soy tu amigo.

Un bufé llamado vida

Todo está servido. Unos no ven la comida y pasan de largo ante ella, otros la ven y no comen, unos más se sirven un pan o una sopa, apenas lo justo, algunos prueban de todo y los demás no solo prueban de todo, sino que repiten. Pero atención, aún faltan algunos: los que ven el bufé y dicen que no es suficiente, que algo falta. Ahora cambia la comida por un bufé de razones para ser feliz y progresar.

3.
SABIDURÍA Y PROGRESO

La persona correcta para tu vida

"Quiero una pareja púrpura, alguien especial". "Aún no llega la persona correcta, Juan Diego. ¿Qué hago?". Ser la persona correcta para que llegue. Un mejor ser humano todos los días. Alguien magnético que atraiga lo mejor. Eres mejor y atraes lo mejor. Eres "basura" y eso atraes. Eres pobreza mental y te llegará pobreza material. Igual con las relaciones. Haz más fuertes tus fortalezas, así como suena, y trabaja en tus debilidades, lo que te sabotea e impide que aflore tu mejor versión. Cuando Alicia María Vélez, mi esposa, y con quien he compartido más de veinticinco años, llegó a mi vida, yo era la persona correcta para que llegara. Y tenía mucho por mejorar. Aún me falta bastante, de hecho. Pero dos años antes de conocerla no era la persona correcta para que ella irrumpiera en mi vida. Si a Alicia la conozco en 1993, y no en 1995, hoy no sería mi esposa, ni la mamá de mis hijos. En ese lapso de dos años, sentía que debía mejorar para tener una pareja especial, con la que todos los seres humanos soñamos. Y llegó.

Solemos dejarnos guiar por la soberbia: "¿Será que la gente no ve en mí todo lo bueno que tengo?". Claro que lo ven, pero nos falta más, mucho más. Lo bueno: eso que nos falta depende de nosotros.

Desde 1993 a 1995, abandoné la habitual actitud de conquistador y picaflor que tenía. De buscar un buen rato con cuánta mujer me gustaba, sin compromisos y libre de ataduras, pasé a *valorar* lo que ha de valorarse cuando ya es hora de sentar cabeza y que irrumpa una persona de valía. ¿Eres la persona correcta para que llegue alguien especial? ¿Qué te falta para que lo seas?

Trascender momentos difíciles

El mercurio es digno de admirar: pese a tocar el suelo, no se mezcla con el polvo que encuentra, dadas sus propiedades. Asimismo, debe ser tu mentalidad. Puedes caer muy bajo. Arrastrarte por un tiempo. Pero que no te impregne el polvo. Sabes que cuanto vives es transitorio. Un mero prerrequisito que exige tu futuro éxito. Así, extraerás provecho de los más difíciles momentos. La primera vez que le hablé de matrimonio a mi actual esposa fue a las tres horas de haber sido despedido de un empleo. Un momento poco romántico, quizá, pero con un gran significado: un mal momento, es solo eso, un mal momento. Sentía que debía cambiar el chip de inmediato. Nada de lamentos, ni tristezas, ni preguntarme: "Dios, ¿por qué me pasó esto a mí?". Esa actitud me ha ayudado a tener progresos rápidos. Ya sabes que no me gustan los lamentos, ni quejarme ni la debilidad. Había un nuevo proyecto en el que concentrarse: una vida en pareja, o, bueno, dos proyectos si lo pienso mejor, puesto que también debía decidir qué trabajo tener y demostrarme de qué estaba hecho. Que se quejen los débiles, no el 1 %. ¡Quién dijo miedo!

La lectura

Para ser mejor, desembarco en un puerto trascendente: la lectura y los libros. "¿Cómo enamorarme de la lectura?", "¿Cómo hacer para que mis hijos lean más?", "¿Cómo leer sin que me de sueño?". Estas son preguntas que me hacen con frecuencia. El 1 % suele leer mucho, y aplica lo leído, lo más importante. Te contaré una corta historia sobre mi romance con la lectura que, quizá, te inspire. Una historia que tiene por génesis una biblioteca de La Castellana, un barrio en el occidente de Medellín, la ciudad donde nací. Mi abuelo materno, Jaime, y a quien tanto quise y recuerdo, abrió la biblioteca de esa casa, de ese barrio, en un día cualquiera. Y sentí un olor especial: olor a libro. Porque los libros huelen. Fue también, con el tiempo, olor a historia, olor a diferencia, olor a perderme en qué sé yo; tantas cosas en las que nos queremos perder para olvidarnos de nosotros, salir de lo efímero y lo vano, y que nos consuman las mejores páginas que escribieron aquellos a quienes deseamos conocer y emular. Cada vez que compro un libro siento ese olor. Y vuelvo a tener 12 años. Ese libro nuevo ya se justifica. Es una compra que ya se salva, puesto que el recuerdo la paga. Si el libro es bueno o no, será secundario. Aunque te confieso: mejor que sea bueno.

Grato maridaje ese, buen olor y libro útil. Piensa en esto: de cada cien personas, donde estés, solo una lee más de diez libros al año. Bienvenido a la exclusividad. Porque leer sí que es exclusivo. El dinero no es exclusivo, y me encanta, como seguramente a ti también. Pero un mafioso lo tiene, y no es exclusivo.

Pregúntale cuántos libros lee al año, y apenas si sabe leer. No me digas jamás que no te gusta leer, di mejor que no has encontrado a tu autor. Ese que escribe para ti. Visita bibliotecas, librerías, toca los libros, huélelos, abrázalos y duerme con ellos. Que tus hijos te vean leyendo es el mejor ejemplo que les puedes dar al respecto. No tendrás garantías de que, al verte, te emulen y se animen a leer. Pero ¿sabes qué? Jamás te quedará remordimiento alguno si no leen. No habrá sido tu culpa.

Me han preguntado también, y a propósito del tema: "¿Cuándo publicarás una autobiografía, Juan Diego?". Mi respuesta es NUNCA. Primero, porque aún no hago lo suficiente como para que sea muy digna de escribir. Segundo, porque las autobiografías son una suerte de farsa. Todas incompletas, todas vanidosas; tibias en la crítica, generosas con el milagro y amnésicas ante el pecado. La autobiografía es una práctica de suprimir, como mínimo de rebajar. Que haya biógrafos y hechos que hablen del personaje, no que el personaje hable de los hechos.

Los libros

El libro debe trascender la vida del autor. El libro es la fotografía que toma el autor de su alma y de su cerebro, que deberá servir como espejo para que generaciones enteras se miren en él y, como resulta obvio, más allá de que el autor tenga vida.

El manantial y *La rebelión de Atlas*, dos libros escritos por Ayn Rand, en 1943 y 1957, respectivamente, aumentaron sus ventas tras la crisis financiera de 2008. Sería fascinante poder ver desde el más allá cómo tu obra se propaga sin que requiera tu presencia. Los libros son importantes en momentos cruciales de la historia y no solo cuando se publican. Ese 1 % que escribe para inspirar deberá velar no solo por que su libro vea la luz, sino por hacer historia con él. Que lo plasmado en el papel le sirva de catarsis al autor e ilumine a millones de seres humanos, y les deje una huella imborrable. El 1 % también tiene las expectativas altas sobre lo que será su gestión y su vida. Y esto, por supuesto, incluye escribir un libro. Isabel Paterson, escritora, periodista, filósofa y crítica literaria, le preguntó a Rand a propósito de su libro *El manantial*: "¿Qué nivel de ventas te convencería para llamarlo un éxito?". Rand respondió: "100 000 unidades". Paterson dijo: "Pocos libros venden eso". Lo que no sabía la famosa periodista era la determinación que tenía la novelista y su sentido de grandeza. Los números fueron aplastantes y validaron las predicciones de Rand. En un solo año, 1945, las 100 000 copias fueron vendidas, y tras veinticinco años de publicado los ejemplares vendidos ascendían a 2,5 millones.

He decidido volverme una escritora, no para salvar el mundo ni para servir a mis semejantes, sino por la simple, personal, egoísta y feliz razón de crear la clase de hombre y de eventos que pueda querer, respetar y admirar. Puedo soportar mirar con calma a mi alrededor. Lo que no puedo soportar es mirar hacia abajo. Deseo mirar hacia arriba.

Ese fue el mensaje de la autora a los lectores de *El manantial* en 1945.

Ludwig van Moses, economista, filósofo y escritor austriaco, fue contundente al referirse al libro *La rebelión de Atlas*:

No se trata solo de una novela. Es un análisis de los demonios que plantea nuestra sociedad. Tú tienes que tener el coraje de decirles a las masas lo que ningún político les dice: Tú, las masas, son inferiores, y todas las mejoras en tu condición se las debes al esfuerzo de hombres que son mejores que tú. Nadie habla de la burocracia como Rand lo hace. *La rebelión de Atlas* vendió en promedio 150 000 copias en los primeros cincuenta años luego de haber sido publicado. De hecho, en 1991, en una encuesta patrocinada por la Biblioteca del Congreso y el Club del Libro del Mes, los lectores lo seleccionaron como el más importante de los libros después de la Biblia.

¿Por qué releer?

He leído cinco veces el volumen 4 de las *Obras completas* de Jorge Luis Borges, que incluyen lo mejor de su obra para mí: *Borges oral*, *Biblioteca personal* y *Prólogos* con un *prólogo* de *prólogos*. "¿Otra vez con ese libro, papá?", me dicen mis hijos. "Sí, les digo, y no será la última vez que me vean con él". "¿Para qué lees, Juan Diego, varias veces el mismo libro?". Bernard Shaw decía que todo libro que merece ser releído es dictado por el espíritu, como ocurre con la Biblia.

Si relees hoy un libro que leíste hace un año, ni tú ni el libro son iguales. Hoy no eres el mismo de hace un año, y, al cambiar, cambias el libro. Total, así estén las mismas palabras, ya no es igual. Ha cambiado.

Cada nueva lectura renueva el libro. Cuando cambias lo que eres, cambias lo que ves. ¿Lo recuerdas? Es un tema central en Cero Imposibles, el evento de programación neuro lingüística (PNL) que tanto quiero y recomiendo. Cada vez que releo, encuentro cosas nuevas en la lectura: temas, versos y sentencias que había pasado por alto, que ahora decanto y hacen más plácido leer. Muchas veces me pregunto: "¿Y esto cómo no lo vi la primera vez?". Respondo con la famosa cita de Heráclito que tanto le gustaba a mi amigo Jorge Luis Borges: "Nadie se baña dos veces en el mismo río". El río cambia, y tú también. Total, no soy quien lo leyó la primera vez, era otro; como no eres quien compró este libro, semanas atrás, y hoy lo lee. Leo muchos libros, estoy seguro de que tú también. Me ocurre con frecuencia que pocos son los que llamaríamos libros *top*, imprescindibles; ni siquiera buscándolos con lupa es fácil hallarlos. Si encuentras uno así, wow, tenlo cerca, reléelo, duerme con él y recomiéndalo, que te lo agradecerán. Que cada nueva lectura suponga un reto. Por ejemplo, subrayar nuevas palabras que encuentres y que puedan hacer parte de tu prosa diaria. Construye frases con cada palabra que augures usarás. El libro habrá cobrado vida; no hiciste eso la primera vez que lo leíste.

Estoy leyendo a Michel de Montaigne a 429 años de su muerte. Me resulta increíble, por decir lo menos, escribir esto. Montaigne fue un escritor y ensayista francés del siglo XVI, y quien en 1580 terminó de escribir sus famosos *Ensayos*. Voluminosa obra que tuve oportunidad de devorar con avidez e inquietud (1669 páginas). Ya mi amigo Borges lo había citado en repetidas ocasiones a lo largo de sus libros, motivo por el cual despertó un gran interés en mí. A Montaigne se le califica de ser un escritor inspirado en el modelo de los románticos, un moderno, precursor del nacimiento del individuo, de la filosofía de las luces, del progreso y de los derechos del hombre. Tras leerlo, me convenzo de que el escritor se renueva por medio de la sucesión de libros que lee y que van dejando huella y que a su pesar lo van deformando para bien o para mal, según el prisma con el que se lo mire. Qué orgullo para un escritor que cinco siglos después aún sea leído. El 1 %. Qué orgullo para un escritor que lo plasmado en un papel siga siendo vigente y les sirva a otros escritores en su labor. Quién fuera a pensar que el hombre que sentenció: "Escribo un libro para pocos hombres, y para pocos años", tuviera tan gran calado a lo largo de los siglos en el pensamiento occidental.

Dinero y filosofía

¿Y qué tienen que ver el dinero y las finanzas con la filosofía? Mucho, desde mi punto de vista. La filosofía nos prepara

para afrontar lo que venga. Por ejemplo, quien cosecha prosperidad sin haber afrontado dificultades no podrá soportar un solo golpe que le depare el destino.

Séneca, Epícteto y Marco Aurelio me han enseñado bastante sobre esto con *la filosofía estoica*. "Venga lo que venga, aquí estoy preparado para afrontarlo y sacarle provecho", expresión que bien resumiría uno de los fines de esa escuela. Quien piense que el camino de la libertad financiera es una línea recta está equivocado. Es un sinuoso transitar, con dificultades, subidas y bajadas, máxime si eres emprendedor. Si te dicen que la riqueza es simple mortadela con pan, te mienten. Por ende, estar preparado sí que importa. El hombre que ha atravesado incontables dificultades adquiere callo a través de ese sufrimiento. Ay de aquel que no se ponga al fuego o que la vida le exima de aquilatarse con la adversidad. No apostaría por él. Naufragará ante cualquier gota de agua que caiga.

El estoicismo me ha enseñado a darle prioridad a la razón por encima de la emoción. Tema crucial a la hora de invertir. Esto lo desarrollo desde *El día que Dios entró al banco*. Nada que te perjudique más en tu camino hacia la libertad financiera que no saber manejar tus emociones. Ya lo hemos dicho: quien no controla sus emociones no controla sus inversiones. Los *traders*, en particular, sí que saben de esto. Un *trader* inexperto en el manejo de las emociones no llegará a tener resultados consistentes. Y atención: no se trata de que con el estoicismo suprimamos o escondamos las emociones o que nos lleve a no expresarlas. Más bien, pretende reconocerlas, entender qué las provoca y aprender a redireccionarlas para nuestro propio bien. En otras palabras, se trata de no ser esclavos de las emociones, ni dejarse conducir por ellas. Los estoicos no son personas sin emociones o con un corazón de piedra, valga aclararlo. Quien haya leído a Marco Aurelio, por ejemplo, puede corroborar esa apreciación. Más bien saben que los deseos y las emociones son parte de la naturaleza, pero que contamos con el poder interior para estar por encima de ellos sin que nos perturben. Te recomiendo un fascinante libro sobre estoicismo llamado *The Little Book of Stoicism*, de Jonas Salzgeber, de gran ayuda para gestionar las pasiones y no dejarnos regir por las emociones. Especial para los que tenemos la "sangre caliente" y somos proclives, por ende, al impulso y la impaciencia. Cualquier persona que quiera ser un *trader* profesional debería leerlo, por el aporte que hace para extender la reacción ante un estímulo. Tenemos libertad cuando el lapso que existe entre algo que sucede y la manera en que respondemos se extiende. Si reaccionamos de inmediato, por el contrario, somos esclavos de las emociones. Pura sabiduría puesta en marcha. Al fin y al cabo, la riqueza no es acumular dinero, sino llegar a un estado de gracia emocional, espiritual y material.

Hay un concepto adicional en la filosofía estoica que se revela fantástico, y que se asemeja al que vengo explicando desde mis primeros libros: la maestría del minuto a minuto. Los estoicos lo llaman areté, una palabra de origen griego que significa virtud o excelencia. Es la versión más alta de ti mismo en cada momento de tu vida. Si constantemente nos evaluamos y preguntamos: "¿Eso que hice, pensé o dije, representa mi mejor versión?", siempre habrá espacio para la mejora, incluso, por supuesto, la financiera.

Enfocarnos en lo que podemos controlar y no desgastarnos en lo demás nos facilitará la vida. Aprovechar cualquier cosa que ocurra y extraerle lo mejor también. Dos poderosos influjos del estoicismo para lograr el estado pleno de consciencia, llamado por muchos *mindfulness*, y por los estoicos, atención.

Una salvedad: tomar las cosas como vengan no tiene que ver con resignación. Es todo lo contrario. Los eventos no suceden independiente de tus acciones, sino según ellas. Con nuestra voluntad, podemos influir en los resultados. Lo importante es qué tan duro entrenemos y apuntemos hacia el objetivo, teniendo presente que no siempre acertaremos, puesto que hay eventos que se escapan de nuestras manos. Así, el gran triángulo de los estoicos, de utilidad en las finanzas, quedaría completo: asumir responsabilidades, vivir con sabiduría y enfocarnos en lo que podemos controlar.

Al sugerirte a los estoicos para gestionar emociones y privilegiar la razón, no te estoy diciendo que todo lo que dicen o hacen lo pongo en práctica o que estoy de acuerdo con toda su filosofía de vida. Para la muestra un botón. Séneca, por ejemplo, afirmaba que "la verdadera riqueza descansa en desear menos. Ninguna persona tiene el poder de tener todo lo que desea, pero sí tiene el poder de no desear todo aquello que no tiene y darle un buen uso a lo que sí posee". Y continuaba: "Nuestro objetivo debería ser buscar riquezas, pero en nosotros mismos. Si no encontramos afuera lo que queremos y nos frustramos por ello, no culpemos a los demás, somos nosotros los culpables, entre otras razones, por nuestras expectativas poco realistas". ¿Percibes por qué no podría estar de acuerdo con todo? Igual, no importa. Tomo lo que considero que suma y desecho lo que no.

Logros y méritos

Cambio de tercio. Nikola Tesla, Pepe Mujica y Diego Maradona. Tres personas conocidas universalmente. Bien diferentes, por cierto. Aclamadas y reverenciadas, con grandes méritos cada una; pero ocurre que detesto las reverencias. Las pleitesías me producen náuseas. En mi historial de redes sociales, he visto mi pellejo en riesgo varias veces. Por ejemplo, cuando expresé lo que opinaba sobre esos tres personajes. Ni qué decir cuando critiqué a las mujeres con mastodónticos traseros, merced a incontables cirugías, pero sin muchas neuronas que hablaran por ellas. Sabes qué es lo curioso. Que el 99 % de las personas reverencia. Solo el 1 % piensa y dice lo que quiere, sin importar a quién se lo dicen. Y así debería ser. Si a tus mismos padres debes decirles lo que consideres necesario, procede. No te abstengas de hacerlo, con el pretexto de que son tus padres. ¡Y tú eres tú! ¿Te parece poco? Recuerda: "Bástele a cada oveja su propia piel".

De Tesla destaqué su ingenio, altruismo y dedicación, pero condené su pobre educación financiera. Un prolífico inventor que murió loco y en la miseria, alimentando palomas, viviendo con un dólar diario, mientras otros usufructuaban sus inventos y se llenaban los bolsillos. ¿Dije alguna mentira? No. Solo la que considero la verdad. El mismo Tesla decía que era malo para manejar el dinero. Y su séquito de defensores no remunerados me dijo en las redes: "Es que a Tesla le interesaba el altruismo y las ideas, beneficiar la humanidad, no el dinero. ¡Respete!". "¿Y por qué no las dos cosas?", pregunto. Si les diera la razón a sus fans, aun así, cabría preguntar: "Si no le interesaba el dinero, ¿por qué no donarlo en vez de dejárselo robar como se lo robaron?"

o "¿Por qué permitir que lo estafaran como lo estafaron?".
Las dos cosas, las dos cosas, ve siempre por las dos cosas.

De Pepe Mujica, hombre inteligente, resiliente, con inne-
gables visos de sabiduría, exguerrillero, enemistado con Dios
y con el dinero, deploré su condena a la riqueza y su invita-
ción al ascetismo. "No, gracias, Pepe, no me interesa. Léete
El día que Dios entró al banco, maridaje útil, creo yo, de espiritualidad y riqueza". Hablé con empresarios y emprendedores de Uruguay en 2018, a propósito de una conferencia que
dicté en Montevideo. Poco lo querían y extrañaban.

De Maradona, tras su muerte, dije que había fallecido un
gran futbolista, consumado drogadicto, comunista y cuestionable ejemplo de persona. ¿Es eso mentira? No lo creo.
Rayos y centellas cayeron sobre nuestras redes. Auténtica
metralla verbal. Vísceras desparramadas. Algunas de ellas
provenían de simpatizantes de la "iglesia maradoniana". Lo
has leído bien. ¿Habrás visto secta más estúpida o bolu-
da que esa? ¿Qué tal? Pero la estupidez, como bien lo cita-
ra Einstein, no tiene límites, y hubo más. Alguien citó: "Nos
tendremos que acostumbrar a un mundo sin Maradona".
"¿Qué? ¿Quieres que me ría?". "Ya lo lograste", le dije a quien
eso escribió.

Sobre la mujer de las "mil cirugías", expresé, de manera
implícita, y en un paralelo con una mujer que me parece muy
sexi, Anya Taylor (*Gambito de dama*), que quienes acuden
tanto al quirófano para verse sexis, no lo son y que grandes
vacíos intelectuales poseen. Y esto aplica también para los
hombres, por supuesto. ¿Para cuándo una imagen con una
idea novedosa, un emprendimiento exitoso o un libro escrito? "Cada cual vive como le plazca", dirás. Pero claro que sí.
Igual, no pido permiso para expresarme y fijar un punto de

vista, y tampoco deberías hacerlo, sea el que fuere, gústele a quien le guste. ¿Sabes por qué evoco estas historias? Porque quienes las criticaron apelaron al culto. Quienes vertieron en las redes la espuma que salió por sus fauces acudieron a la reverencia y a la putrefacta idolatría. La misma que ciega razones y debilita procederes. Quienes se ofendieron e hicieron gala de una tierna sensibilidad hacia cada uno de los aludidos personajes poco del 1 % tienen, pero sí mucho del 99 %. Esa misma mayoría que esculpe dioses de barro e ídolos de papel (algún parásito comunista se estará paseando por tu mente). ¿A qué precio? Al más alto de todos: perder su razón y exponer sus intestinos.

Tu propio sello

La importancia de ponerle tu impronta a algo es inestimable para tener un progreso rápido. Diferenciarte es tan útil como poseer algo bueno. ¿Has visto a muchas personas en las redes sociales que exhiben sus atributos físicos? Nada de malo con ello. Cada cual muestra lo que tiene. Sin embargo, la mayoría cuenta con pocos seguidores frente a lo que pensamos que deberían tener. ¿Por qué? Simple: millones de personas en el planeta hacen lo mismo. No hay diferencia. Una será más bonita para unos y otra para los demás. Pero ¿cuál es el sello que las distingue? No lo hay. Me dicen: "Juan Diego, hay conferencistas que hablan de dinero y de crecimiento personal como tú, y cobran mucho menos". "Seguramente", respondo. Pero posiblemente no hacen lo mismo que yo hago en una tarima, ni los asistentes terminan como en una de mis conferencias, y sin vanidad lo sostengo. Lo que afirmes, creyendo que es verdad, no debería incomodarte. Y menos abstenerte de decirlo o escribirlo, pensando en lo que piensen los demás. Qué piensen lo que quieran. Recuerda el objetivo del libro que estás leyendo.

El color en Matisse fue su sello. La descomposición de la realidad lo fue en Picasso. El manejo de la luz en Rembrandt. La capacidad para leer a quien tenía enfrente de Goya. El volumen de Botero. Siempre serán recordados. Tienen un estilo, y ese estilo debería ser exagerado en algo, llámese color, tema o dimensiones. Un artista sin estilo no rima. Y la exageración no debe ser exclusiva del artista, sino del ciudadano común. Un rasgo que diferencie es un factor de recordación. Una nariz grande, una voz ronca, una mirada penetrante, una risa contagiosa, un nombre curioso… No te avergüences, aprovéchalos. ¿Conoces al popular Mr. Bean? Es el actor, humorista y guionista británico Rowan Atkinson. De niño fue objeto de *bullying* por su apariencia y timidez, pero, sobre todo, por su evidente tartamudez. Pudo haber sido un don nadie, un completo desconocido. No fue su caso. Atkinson se apalancó con su mayor defecto y se convirtió en toda una celebridad. Su inteligencia y gran sentido del humor eclipsaron con creces su debilidad, la cual, por cierto, no debió utilizar, puesto que no hablaba. Su extensa carrera en el cine, en la televisión y en el teatro, durante cuarenta años, le permitieron acumular una "pequeña fortuna", que, para 2021, se estimaba en US$150 millones. Nada mal para alguien por el que pocos apostaban. Otro fiel exponente del 1 %. Uno más, que nos recuerda que quien está para brillar terminará haciéndolo.

Todo lo que nos es dado deberá ser usado para algo, para un fin, que nos beneficie y sirva de palanca. Incluso, las mismas debilidades, como es el caso de Mr. Bean.

Si en nada te distingues, por nada te recuerdan. Debes tener la suficiente personalidad para mostrar lo que te es propio, física e intelectualmente hablando.

He estudiado la vida y obra del pintor y escultor colombiano Fernando Botero. El "de las gordas", como dice la mayoría. Llegaron a decirle caricaturista y que su trabajo era un "monumento a la estupidez". Él, como grande, siguió adelante, y se concentró en su propósito al pintar. En 1956, en una suerte de epifanía, llegó a su vida el volumen, en México, y pintando una mandolina, según se lo oí decir. Y con el volumen se quedó. En cualquier parte del mundo, ven una obra de arte suya y dicen: "Es un Botero". Eso no es una menudencia, como también lo dicen de un Picasso, un Monet, un Dalí, un Warhol. Tienen su propia impronta.

Nunca te mimetices ni seas una vulgar copia. Nos pueden influenciar muchos, no hay problema. Pero que no te confundan con nadie. Sé inconfundible, y te pagarán mejor por serlo.

Hablemos ahora del sello de un escritor (¿te animarás a escribir un libro en el futuro?). Es un artista, ¿quién lo pone en duda? Produce arte con la palabra, conmueve y asombra; el fin del arte, finalmente. Y debe tener un estilo, o corre el riesgo de difuminarse. Mi estilo es agresivo, directo, penetrante, volcánico, modo hervir vaciado al papel, y eso se me da, brota de mis entrañas. Tengo una pluma afilada y una lengua bañada con ají. No quiero puntos medios, ni prudencia, ni un cargo diplomático, también quiero remover estructuras y estremecer consciencias, hacer palpitar corazones, sacudir y agitar vacas blancas. Si con los mensajes y libros que escribo no logro eso, habré perdido mi tiempo. Seré nada. ¿Cuál es tu estilo en lo que haces?

Atreverse

Hablando de arte, te contaré una pequeña historia que te gustará. Germán Londoño es un talentoso artista colombiano: pintor, escultor y dueño de un inequívoco estilo. Ves una obra, y sabes que es de él; dato no menor. Germán ha asistido a mis eventos, y, en uno de ellos, le dije: "Germán, necesito una obra tuya para mi nueva oficina, que refleje el modo hervir, ese estado animal de energía que sabes que me gusta tener". "Te la haré, Juan Diego, cuenta con eso". Al poco tiempo, me llama y dice: "La obra está lista. ¿Te la puedo llevar mañana?". Por supuesto, le dije, estoy ansioso por verla. Al día siguiente, llega la obra, una pintura de gran tamaño y con un protagónico tema central: un jaguar penetrando a una mujer. Agresividad total maridado con un notorio talento. Fuego puro. Una declaración de guerra absoluta, al mejor estilo de Gustav Klimt en la retrógrada sociedad vienesa del siglo xix. Por cualquier capricho cósmico, esa misma semana visitaron mi oficina un par de personas muy religiosas (para preservar mi integridad, me ahorraré sus nombres, no vaya a ser que lean este libro). Una de ellas dijo: "Qué es eso, por Dios". La otra no se quedó atrás y fue más específica: "¿Usted va a dejar que los niños vean ese cuadro?". "Por supuesto", les dije, y no solo lo verán, sino que, en mis propias palabras, les diré qué quiso expresar su autor y lo que para mí significa una obra así. No es esconder, es enseñar; no es tapar el mundo, es explicar cómo funciona. Ese es el fin del arte: el asombro, el mismo que, por cierto, dio origen a la filosofía. Ese cuadro está en una de mis oficinas hasta el sol de hoy, ha aparecido en distintos videos, puesto que está detrás de mi escritorio, y celebro que haya honrado mi apetito por el modo hervir, el atrevimiento y la disrupción. Como lo expresara David Rousset, escritor y sobreviviente de un campo de concentración nazi, Buchenwald para mayores señas: "Los hombres normales no saben que todo es posible".

La tenacidad

Gracias a Dios que me ilumina, y a ti, que lees estos libros, he escrito hasta hoy varios *best sellers*. "Estás viendo la medalla de oro colgada", solo eso; pero ¿qué se esconde detrás de la medalla? Ese éxito no lo tuve siempre. Te hablaré de algo que, quizá, desconozcas de mi labor como escritor. El comienzo fue difícil, como para ti lo haya sido el emprendimiento que te ocupa o tu vida misma. El primer libro, de los once escritos hasta el momento, lo escribí por necesidad. "Para no morirme de hambre". Me quedé sin empleo, puesto que me echaron de un trabajo (que no disfrutaba), historia que ya conoces. Vaya alegría la que siento al escribir esto. No obstante, ese mismo sentimiento no lo tuve cuando pisé el asfalto y no veía la luz. "¿Qué hago?", me pregunté. Las llamadas del banco empezaron: "Está sobregirado, señor Gómez". Mis padres también se pronunciaban: "Envíe hojas de vida y no le cuente a nadie que lo despidieron".

"Dios, ¿qué hago? Ilumíname". Lo primero que siempre recomiendo ante una situación así es hacer lo que mejor haces.
No tienes empleo, ni ingresos, pero estás lleno de los activos
más valiosos que tiene un futuro millonario: tiempo y hambre, ganas de superar lo que vives. *Espoleado* es una palabra que se acomoda al momento. Así, contra las cuerdas,
llegó la luz: "Escribiré un libro", me dije. Me encanta escribir,
fui columnista y trabajé varios años en la Bolsa de Valores
de Colombia, comprando y vendiendo acciones. Total, eso
debía hacer: escribir un libro sobre acciones. Solo había un
pequeño inconveniente: para escribir un libro, se requiere un
equipo de trabajo. Quien lo financia, quien lo diseña, quien lo
diagrama, quien lo edita, quien lo imprime, quien lo distri-
buye, quien lo vende, quien cobra y quien recauda el dinero.
Ninguno de esos personajes existía. Solo quien lo escribía.
Total, empecé desde cero. Si ya intuyes que fungí de capitalista, diseñador, diagramador, editor, mensajero, vendedor
y recaudador, supusiste bien. Era como jugar en todas las
posiciones en un equipo de fútbol. Me levantaba a las seis de
la mañana, me ponía mi habitual traje, con corbata inclui-
da, por aquello de no perder la costumbre y elevar mi autoestima, y me iba hacia la casa de mi novia (Alicia), todos los
días, los fines de semana incluidos, a trabajar en la buhardi-
lla, con su computador, puesto que yo no tenía uno propio.
Después de varios meses, el libro vio la luz: *Acciones, teoría
y práctica del mercado de renta variable en Colombia*, con
todas las imperfecciones estéticas que quieras (no podía
ser de otra forma al tener que hacerlo todo). Conseguí quien
lo imprimiera, con dinero prestado, y gestioné los permisos
para que el habitual código de barras estuviera en la con-
tracarátula y solo restaba el desafío mayor: venderlo. ¿Pero

a quién? No salía aún en la televisión, ni existía internet en Colombia, ni había redes sociales, ni nada parecido. Solo estaban las librerías físicas. Y a ellas acudí. Toqué la puerta de una tras otra, y les llevé, a mis hombros, cajas repletas de libros recién impresos. Se quedaban con un alto porcentaje de la venta, pero qué importaba, el caso era venderlos. Casi nadie me conocía. No habían llegado los tiempos de las inversiones por internet, ni de los seminarios. ¡Quién dijo miedo! Si se vende uno solo, el esfuerzo habrá valido la pena. Se vendieron cientos. Eureka. Pensar en un *best seller* era ciencia ficción en ese momento. No importaba que no lo fuera, para adelante, con cientos de ejemplares vendidos estaba más que feliz. Lo mejor estaría por llegar: el ruido que generó el libro entre la comunidad académica me abrió las puertas para ser profesor universitario, de tiempo completo, en una prestigiosa universidad colombiana por la que profeso un gran cariño: la Escuela de Ingeniería de Antioquia. Allí me dediqué a estudiar e invertir por internet, llegó luego la televisión, mi independencia, y el resto es historia. ¿Qué quiero destacar?

Aquel que está destinado a ser será. Vuélvelo a leer. Así de simple. No claudiques. Hazte más fuerte en la adversidad y lo que sea menester hacer que se haga.

Hoy, a la distancia, le doy gracias a la vida por esa gran oportunidad que me dio, porque, aunque no lo creas, ser despedido de un empleo que no rima con tus sueños es solo una fantástica oportunidad disfrazada de dificultad. No fue fácil al comienzo, pero ten presente: difícil es aquello que con el tiempo se vuelve fácil. Esa es la génesis de un capítulo de mi vida: el de escritor.

Sabiduría y modestia

La modestia es un disfraz. El 1 % no alardea, pero no esconde su mérito y virtud. A Rand, de quien seguiré hablando en este libro para bien tuyo, le preguntaron: "¿Eres la más creativa de las pensadoras vivas de hoy?". Ella respondió: "Si alguien puede citar una simple falla racional en mi filosofía, estaré encantada de reconocerle y aprender algo de él. Hasta tanto sí que lo soy". Lo curioso es que, en el momento de decir esas palabras, aún no había publicado una sola línea de lo que podría llamarse filosofía de no ficción (*nonfiction philosophical writing*). Eso se llama autoestima y confianza en sí misma. Aunque otros, los del 99 %, la llamarán soberbia, seguramente.

Dam Rass, siendo modesto, hace parte del 1 % también. Otro personaje que estudié. Él protagonizó un documental llamado *No ser nadie*, que sugiero ver. No ser nadie, siéndolo, es ser parte del 1 %. En la misma línea, había caminado ya, siglos atrás, el gran Sócrates, quien decía que no era sabio. Los atenienses decían que sí lo era. Decirse no ser sabio, quizá, siéndolo, es serlo. Es el 1 %. Su expresión "solo sé que nada sé" no significa más que sé que no tengo la verdad para todo, y no puedo conocer la verdad del otro sino preguntándole. Sócrates dudó de que la sabiduría estuviese al alcance de todos los mortales, aunque poco se puede dudar de lo sabio que es un hombre que piense eso.

Más sobre la muerte

Quien le tenga menos miedo a la muerte será más proclive a asumir riesgos y a vivir de manera única. Hemos estado sin vida millones de años. Volver a esa condición no
supondrá nada nuevo. Por ello, la muerte no debería provocar miedo alguno. Hay peores muertes, como no tener sueños ni disfrutar de la vida. Eso sí me da miedo. Esa sí es una
muerte en vida.

"Por qué debería tenerle miedo a la muerte", se pregunta
Epicúreo. "Si soy, la muerte no es; si la muerte es, yo no soy.
¿Por qué debería temerle entonces a lo que no puede existir
cuando yo existo?".

Muere alguien (o se transforma, si para ti fue importante). No sabemos del sufrimiento del que lo libró la muerte. Está mejor, posiblemente, que los que se quedan en
este mundo. Agradece esos años que tuviste a quien querías. Desconocemos los planes más grandes que tiene Dios.
Eso es claro.

"Nuestra religión no ha tenido fundamento humano más
seguro que el desprecio de la vida", decía Montaigne. No solo
nos incita la reflexión de la razón (pues ¿por qué habría-
mos de temer la pérdida de aquello que, una vez perdido, no
puede echarse de menos?), sino también (puesto que nos
amenazan tantas formas de muerte), ¿no es peor temer-
las todas que soportar una? Qué importa cuándo será si es
inevitable. En este particular, Sócrates daba cátedra. A uno
que le dijo: "Los treinta tiranos te han condenado a muerte",
le respondió: "Y la naturaleza a ellos".

Para qué afligirnos tanto cuando la muerte supone librar-
nos de toda aflicción. La muerte es otra forma de nacimiento. Cuando nacimos, ello supuso el nacimiento de todas

las cosas, ¿pero acaso no es la muerte la que nos lleva a un nuevo nacimiento? No resulta sensato llorar si en cien años no vivimos, pues equivaldría a hacerlo porque hace cien años tampoco vivíamos. Nada puede ser tan dramático si solo se presenta una vez y poco razonable resulta temer durante tanto tiempo algo de tan breve duración. La muerte es llamada por algunos lo más terrible de lo terrible. ¿Pero quién ignora que otros la llaman refugio único de cuánto tormento existe, bien supremo, sostén de nuestra libertad y remedio rápido para todos los males? Julio César la veía con angustia, Catón con buenos ojos y Sócrates con indiferencia. A la misma cosa se le ve diferente según como veas la cosa misma.

La muerte es una de estas dos cosas, seguía diciendo Sócrates en su juicio:

> O bien el que está muerto no es nada ni tiene sensación de nada, o bien, según se dice, la muerte es precisamente una transformación, un cambio de morada para el alma de este lugar de aquí a otro lugar. Si es una ausencia de sensación y un sueño, como cuando se duerme sin soñar, la muerte sería una ganancia maravillosa... Si, por otra parte, la muerte es como emigrar de aquí a otro lugar y es verdad que allí están todos los que han muerto, ¿qué bien habría mayor que este, jueces?

Isaac Asimov escribía un libro cada tres semanas, Tiziano estuvo trabajando hasta los 102 años, Botero afirmaba que prefería morirse a no poder pintar, y lo hizo por encima de los 89 años. "Quiero morir con un pincel en la mano", le oí decir.

Bernard Shaw, a medida que envejecía más trabajaba, y afirmaba que la jubilación es una suerte de muerte. Lo que pasa cuando cumples 60 años suele ser atroz. A las personas se les dice que ya cumplieron su misión. Que hicieron lo que tenían que hacer en esta vida. Y se la creen. Con un agravante: si tienen una pensión o ayuda del Estado, nada les hará cambiar ese parecer. Y esa pensión, que la mayoría ve con buenos ojos, y que al 1 % le tiene sin cuidado, actúa con sevicia, pues es como enterrarle un puñal a un muerto. A quien dizque vive, puesto que respira, pero que ya carece de sueños y ambición.

La soledad

Me encanta la soledad, porque estoy conmigo. Si no te sientes bien estando solo, quizá, se deba a que no has encontrado a Dios, a tu ser esencial o a un buen libro.

El 23 de febrero de 2021, apareció este titular en las redes sociales: "Japón nombra ministro de la Soledad", entre otras cosas, para conjurar el aumento en los suicidios por la pandemia de coronavirus. Mi análisis es este: con un claro propósito de vida, mayor espiritualidad, amigos de calidad y buenos libros, la soledad se reduce.

Y es que lo grave no es la soledad, sino la interpretación y el uso que hacemos de ella. Consumir toneladas de porquería no es mejor que estar solo. Rodearte de mediocres y viciosos tampoco lo es.

Cómo juega a tu favor la soledad debe ser la pregunta que respondas. Soledad no es igual a soledad crónica. Muchas veces nos sentimos solos estando acompañados, y otras nos sentimos acompañados estando solos. Estar solo no es lo mismo que sentirse solo. A la hora de la verdad, uno se tiene a sí mismo. Por eso, es tan necesario que seamos una buena compañía. Que, al cabo de un año, si decides estar solo, puedas decir: "Siento que he crecido tanto que me encanta estar conmigo".

La soledad golpea más fuerte cuando tienes temor de encontrar al ser que has descuidado y en el que poco has invertido: tú. De lo contrario, no te molestaría en absoluto que ese ser, lleno de genialidad y palabras hermosas, te acompañara en las horas más largas.

Soren Kierkegaard, escritor y filósofo danés, juzgó su matrimonio como una distracción y dejó a la mujer que amaba, Regine Olsen. Él sintió que podía alcanzar su summum creativo estando solo. Kierkegaard fue padre y máximo exponente del existencialismo, y sacó partido de su soledad, como la aprovechó también el escritor Albert Camus: "En lo más profundo del invierno, sentí que había en mí un verano invencible". Isaac Newton, Charles Dickens, Arthur Schopenhauer, Charles Darwin, Nikola Tesla, Abraham Lincoln y Adam Smith, a quienes he estudiado preparando este libro, también abrazaron la soledad, y bastante hicieron. Muestra inequívoca del 1 %.

El individuo y el nacionalismo

Cuando nos preguntan "¿De dónde eres?", solemos responder que somos del país donde nacimos. Pero realmente no somos de ninguna parte. Simplemente somos. ¿Soy colombiano, por ejemplo, por el simple hecho de haber nacido en Colombia? ¿Dice eso algo? Un país es un país, y un ser humano es un ser humano. Borges estaba orgulloso de ser argentino. Pero su corazón y su memoria no estaban solo en Buenos Aires, su ciudad natal, también en Austin, Montevideo, Ginebra, Edimburgo... "Mi país es una habitación más de una casa llamada mundo", decía el gran Facundo Cabral, con quien tuve el inmenso honor de conversar en Buenos Aires, en 2003, en un sitio que confesó entrañable para él: La Biela, en pleno corazón de la Recoleta.

Desprecio el hiperbólico nacionalismo que premia la arepa, popular comida colombiana, y subestima la tortilla o el cruasán, porque la arepa es de aquí y los otros de allá. ¿Qué es aquí y qué es allá?

Cómo así que compra colombiano (o mexicano, o peruano, o argentino...). Yo compro lo que se me dé la gana, sea de aquí, de Vietnam, de Escocia o del Congo. Vivimos en un país llamado tierra y el 1 % vive en otro llamado libertad total.

Y es que somos hiperbólicos por naturaleza. Todos exageramos en algo. Cuando dices: "Tengo el mejor papá del mundo", cualquiera te podría decir: "¿Y cómo sabes eso si solo conoces a uno?". Di mejor: "Amo a mi padre", y estará perfecto.

Y vuelvo a la arepa: "Es lo mejor que hay". ¿En serio? ¿Te gusta más que una *baguette* para desayunar? ¿Y qué es una *baguette*? ¿Pero cómo afirmas que lo mejor es la arepa si no sabes qué es una *baguette*? Supuse que dabas el calificativo de mejor, puesto que conocías más opciones. Di mejor que te gusta la arepa y, de nuevo, estará perfecto.

Los lugares no escapan de la exageración. "Medellín es la mejor ciudad del mundo para vivir". ¿Pero cómo vas a decir eso si no has salido de Colombia? Di mejor que quieres mucho a tu ciudad por tener tantas cosas buenas. "Mi mujer es la más hermosa del planeta". ¿De verdad? ¿No será que la quieres mucho? Suficiente ilustración. Con la inteligencia que tienes, hace ya dos horas que entendiste mi mensaje y lo que te quiero decir. Razón, bendita razón. Cómo no evocar en este momento a Rand y a Spinoza. No te mueras sin leerlos. "Spinoza me voló la cabeza". Devoré un par de libros sobre él en un crucero por el Caribe. Mientras mi familia bajaba del barco en algunos puertos, para conocer el lugar e ir de *shopping*, me quedaba leyéndolo. Las dos opciones eran válidas. Hay un libro fantástico que te recomiendo. *El milagro Spinoza*, de Frédéric Lenoir.

El nacionalismo y regionalismo apestan, y lo afirmo con cariño. Es creerse los mejores, quizá, sin serlo. ¿Los mejores de dónde? ¿De unos pocos kilómetros cuadrados a la redonda? No te tragues ese sapo de que lo nuestro es lo mejor *per se*. Me sorprendía ver en el estadio de fútbol Atanasio Girardot, en Medellín, que el himno nacional se cantara con desgano, mientras que el himno de Antioquia (cuya capital es Medellín) la mayoría lo entonara a todo pulmón. El himno antioqueño nunca lo canté más fuerte que el de Colombia en un partido de fútbol. Nunca, no había razón para hacerlo. Cantar un himno más fuerte que el otro me sigue pareciendo parroquial. Cualquiera, para justificar esa hinchazón en su pecho al oír la palabra Antioquia, invocaría a los ancestros, "lo que ha sido la tierra antioqueña", "el empuje paisa" (así nos dicen), y tres millones de razones más. Esas expresiones las respeto, pero poco me conmueven. Por creernos los mejores, los distintos, posiblemente hemos dejado de serlo. Y lo mismo les pasa a los catalanes en España (no a todos, no generalizo). Una tierra inflamada por el ego y la soberbia de muchos, donde, curiosamente, sus dos más insignes referentes son un argentino, Lionel Messi, el más grande jugador de fútbol que he visto, y que por cierto se fue de Barcelona en el momento de escribir este libro; y Antonio Gaudí, un prominente arquitecto que se murió hace como dos mil quinientos setenta años (el 10 de junio de 1926, para ser exactos). Y sigo en Europa, porque no he terminado: con muchos alemanes, ocurre algo similar, y peor. Un país que perdió dos guerras mundiales y que fue vergüenza para la humanidad por el genocidio nazi, y con tantas personas sumidas en la prepotencia y la arrogancia, creyéndose superiores. ¿Superiores a qué? ¿Hablo de Hitler y sus doce largos años en el poder, o paro ahí, señores? Ni Goethe ni Nietzsche, genios de las letras y la filosofía, alemanes por demás, se creían la mentira del nacionalismo. Arendt, filósofa alemana, y de quien he venido hablando, se expresaba así de su propio país, tras el Holocausto:

> No es solo el hecho de las fábricas de la muerte lo que debe considerarse la barbarie de nuestro tiempo. Más importante y más grave es la colaboración banalizada de todos los estratos de la población alemana con el poder nazi, incluidos aquellos y aquellas que nunca se identificaron con el nuevo poder.

Por favor: más razón y menos nacionalismo. Más juicio y menos vísceras. Más individuo y menos Estado. Más irreverencia y menos pleitesía. "No soy de aquí ni soy de allá", continuaría diciendo el gran Facundo Cabral.

¿Y cómo privilegiar la razón y el buen juicio en vez de continuar gobernados por las emociones?

Te confieso algo: no me atrevería a responder a esta pregunta si no me hubiesen asistido algunos de mis mejores amigos (quiero que también sean los tuyos), expertos en el arte de razonar. Marco Aurelio, Spinoza, Emerson, Rand y Montaigne, algunos de ellos. Este último se atrevía a decir en su fascinante libro *Ensayos*, escrito en el siglo XVI:

> En comparación con el común de los hombres, pocas cosas me afectan, o, por decirlo mejor, me dominan. Porque es razonable que afecten, con tal de que no nos posean. Pongo un gran empeño en aumentar, con el estudio y la razón, el privilegio de insensibilidad que, por naturaleza, tengo muy desarrollado [...] No hay que adherirse con tanta fuerza a los propios humores y a las propias inclinaciones. Nuestra principal aptitud es saber aplicarse a usos diferentes. Permanecer atado y sujeto por necesidad a una sola manera de ser, es ser, pero no es vivir. Las almas más hermosas son aquellas que están provistas de favor, variedad y flexibilidad. Si me correspondiera formarme a mi modo, no habría ninguna costumbre tan buena que quisiera fijarme a ella hasta el punto de no poder abandonarla.

Aristóteles también elogiaba la parte racional del alma de la persona, "puesto que la impulsa en la dirección correcta y la anima a tomar el mejor camino", y en la misma senda, en el siglo II, Marco Aurelio, emperador y filósofo romano, sostenía: "Intento adiestrarme para tener pensamientos de cuya expresión no me sienta avergonzado nunca, si alguien me preguntara súbitamente: ¿En qué estás pensando?".

Cambiar la forma de pensar es el reto más grande que tiene el ser humano. ¿Trabajan las conclusiones a las que has llegado a tu favor? Supón que has concluido que si alguien es rico fue porque algo malo hizo (así piensan algunos, no te sorprendas). ¿Te ayuda esa conclusión a ser rico? ¿No? Cámbiala entonces, es una conclusión que, quizá, te inculcaron tus padres, quienes, por cierto, podrían ser pobres y sentenciaron algo que no es verdad. Cambias lo que piensas y cambias lo que recibes. Descartes lo decía así en *Los principios de la filosofía*: "Un verdadero buscador de la verdad debe, al menos una vez en la vida, dudar todo lo que pueda de todas las cosas".

En su libro, *La promesa de la política*, Arendt nos ampliaba el prisma:

Uno de los motivos de la eficacia y peligrosidad de los prejuicios es que siempre ocultan un pedazo del pasado. Bien mirado, un prejuicio se reconoce porque encierra un juicio que en su día tuvo un fundamento legítimo en la experiencia; solo se convirtió en prejuicio al ser arrastrado sin el menor reparo ni revisión a través de los tiempos [..] Si queremos disolver los prejuicios primero debemos redescubrir los juicios pasados que contienen, es decir, mostrar su contenido de verdad. Si esto se pasa por alto, ni batallones enteros de ilustrados oradores ni bibliotecas completas de folletos pueden conseguir nada.

No somos iguales, hay mejores

¿Cómo es eso de que todos somos iguales? ¿Cómo es eso de que nadie es mejor que otro? ¡Vaya mentira! Nadie es igual a otro, creo yo. Esas teorías sobre la igualdad le han servido de caldo de cultivo a las dictaduras comunistas, en las que el yo se subordina al *nosotros*, y en las que unos bandidos de poca monta, escasa educación e infinita voracidad por el lucro personal, se apoderan de vidas y cerebros, de libertades y de sueños.

Puedes ser de izquierda en un país libre, pero no puedes ser libre en un país de izquierda. ¿Quieres dudar aún más del comunismo? Sugiero leas una biografía de Angela Merkel para que sepas cómo vivían los ciudadanos de Alemania Oriental antes de que derribaran el Muro de Berlín en noviembre de 1989 y bajo el yugo soviético.

Que a ti te estén espiando de tal manera que sepan a quién llamas, qué música escuchas, qué lugares visitas y quiénes son tus amigos, todo ello con la mirada inquisidora de un brutal aparato estatal y miles de informantes que te respiran en la nuca no me interesa. Es una gran mentira que seamos iguales. Ya lo destacaron en la historia cerebros como Plutarco, Montaigne, Emerson y Churchill, para solo citar algunos. Ni los gemelos ni los mellizos siquiera lo son. Qué tal decir que la Madre Teresa de Calcuta es igual al bandido de Pablo Escobar dizque (sí, con z) porque son hijos de Dios. La una fue una santa y el otro un mafioso, matón, doctorado en terrorismo. ¿Cómo así que iguales? Tampoco puede decirse que todos somos iguales, puesto que tenemos el mismo destino: la muerte. Mientras a unos nadie los llorará, excepto la mamá y la mascota, yéndoles bien, o hasta sea visto con buenos ojos que se mueran, por lo perversos que fueron, a otros les daremos esa inmortalidad cósmica de la que hablaba Borges. Hicieron tanto, y tan bien, que, al recordarlos, les damos vida. ¿Cómo así que iguales?, vuelvo a preguntar.

La opinión de Heráclito, que reprodujo Arendt en su libro *La condición humana*, es que la tarea y potencial grandeza de los mortales es su habilidad de producir cosas, trabajos, actos y palabras que merezcan ser imperecederas, para que a través de dichas cosas los mortales encuentren su lugar en un cosmos donde todo es inmortal a excepción de ellos mismos. Por esa capacidad de realizar actos inmortales, por esa habilidad en dejar huellas imborrables, los hombres, a pesar de su mortalidad individual, alcanzan su propia inmortalidad y demuestran ser de naturaleza "divina". Lo que hace a unos distintos de otros. Y es que la distinción entre hombre y animal sí que se observa en la propia especie humana: solo los mejores, quienes constantemente se demuestran ser los mejores, y que "prefieren la fama inmortal a las cosas mortales", son verdaderamente humanos; los demás, satisfechos con los placeres que les proporciona la naturaleza, viven y mueren como animales.

¿A quién le haces caso?

Conscientes de que no somos iguales, te sugiero algo: ten mucho cuidado con tus interlocutores. Quiénes son y qué han hecho son preguntas necesarias para creerles o no. Te dirán, por ejemplo, que tu esposa no debe renunciar a su trabajo para cuidar al hijo que está por nacer. Que debes descansar por un tiempo si ya publicaste un libro. Que, si te despiden de tu empleo, no se lo deberías contar a nadie (no vaya a ser que piensen mal de ti). Que hay que proteger el dinero conseguido más que pensar en aumentarlo. Y te preguntarán para qué una casa tan grande (¿quién la va a limpiar?) si la puedes hacer más pequeña (¿recuerdas esto?). Para qué un auto lujoso, si hay más baratos. Para qué tanto dinero colgado de la pared, en forma de cuadro (lo recordarás, también). Y no se quedarán ahí tus familiares y amigos. Apelarán a sentencias más antiguas: no debes gastar dinero sin primero recibirlo. No abandones un empleo seguro, la vida está muy difícil. Los lujos, evítalos, o cómpralos al final… Me detengo ahí, pues ya me ha dado escalofrío (y náuseas y mareos, y más cosas). Iré al baño y retorno…

He vuelto. Todos esos dictámenes están viciados por el miedo y las experiencias de otros, que no tienen por qué ser las tuyas. Es o fue su vida no la tuya. Fue su historia, la misma que apenas empiezas a escribir con tinta púrpura y determinación a tope. Ahora bien: *todo* lo que acabas de leer me lo dijeron. Es real. No son meras invenciones. Me ahorro mencionar el nombre de cada persona que lo dijo. No se trata de atacarlas, pero sí de procesar ese tipo de "consejos". A ninguna le hice caso, menos mal.

Estar contra las cuerdas

Mi esposa, siguiendo con el tema, renunció a su empleo cuando nos anunciaron la llegada de nuestra primera hija, luego de "veinte meses de embarazo" o espera. Lo hizo porque le propuse que tomara esa decisión y estuvo de acuerdo. Y no creas que nuestras finanzas eran boyantes en ese momento. Es más, cuando presentó su carta de renuncia, Alicia ganaba más dinero que yo como profesor universitario. Pero lo tenía claro: una hija tan esperada no mecería que una empleada la cuidara todo el día, por buena que fuera, sino su mamá. Sabía, en el fondo de mi corazón, que la llegada de Mariana actuaría como revulsivo para exigirme mucho más, salir de zonas de confort y testear nuevos límites. Para abreviar, te lo resumo así: a los seis meses de la llegada de la niña, ya ganaba más dinero del que ganábamos juntos, Alicia y yo, antes de adoptarla. ¿Suerte? No creo. Más bien, fe, determinación, hambre y una gran motivación: que a esa chiquita no le faltara nada.

El placer

Es posible que me hayas oído decir: "Quien se rodea de belleza atrae riqueza". No me gustan las cosas ordinarias, ni las copias, lo *fake*, engañoso o "pirata", como le dicen en Colombia. Me repugnan, de hecho. No hay gran mérito en comprarse un falso Rolex de US$20 en *Times Square*, Nueva York, y pretenderles hacer ver a tus amigos que es real. Sabrás que no lo es, y es eso lo que más importa. Los seres púrpuras vamos por lo mejor, y si en algún momento de nuestras vidas no podemos comprarlo, y nos pasó a casi todos, lo tomamos como un incentivo para exigirnos, reunir el dinero requerido e ir por lo que sí es original y vale la pena. Hay mucho de hedonismo en el 1 % estudiado, sea que quien lo posea lo reconozca o no. Lo he percibido en Wagner, Churchill, J. P. Morgan o Borges. Personajes bien disímiles entre sí, por cierto. "Al fútbol siempre has de jugar de manera atractiva, de manera ofensiva; ha de ser un espectáculo. Sal a la cancha y disfruta", decía el gran futbolista holandés Johan Cruyff. "Soy bastante sibarita; no me permito el lujo de perderme algo bello", lo afirmaba Facundo Cabral.

Escucho a Chopin, en medio de un buen whisky, fumándome una deliciosa pipa y rodeado de exquisitas obras de arte. Y me hace bien. La belleza y la buena vida me inspiran. Lo ordinario no me hace gracia. Poco debería esforzarme para obtenerlo.

El 99 % se conforma con lo ordinario, y no siempre por falta de recursos. Solo porque le es indiferente oler incienso a oler a nada. El placer también lo buscó Botero al pintar: "Es el objetivo de mi arte", y Borges, al escribir: "Soy un lector hedónico. Necesito hallar placer en lo que leo, de lo contrario lo abandono".

Ríos de tinta han corrido sobre este tema. Por ejemplo, el epicureísmo rivaliza con el estoicismo. Busca el placer y evita el dolor. Y por placer se entiende la ausencia de dolor físico y de perturbación mental. No tiene que ver con desenfrenos sexuales, etílicos o gastronómicos. "Es más inteligente eludir el dolor por prudencia que buscar el placer por impaciencia", nos decía Epicuro, quien iba más allá:

No todo placer debe ser elegido, ni todo dolor debe ser rechazado. La única forma de tomar la decisión correcta es fijarse en los beneficios y en las inconveniencias que estos emanan con especial precaución, pues no es extraño que el mal se disfrace de bien y el bien se disfrace de mal.

La satisfacción neta es la clave.

No siempre hay que unir

Me dicen: "¿Por qué no unes en vez de dividir con lo que hablas o escribes?", "¿Por qué hablar de vacas blancas y de vacas púrpuras, de tóxicos y no tóxicos, de pobres y de ricos?". Siempre respondo: "La vida es una sola, pero estará dividida siempre", y sus más célebres inquilinos destacarán la división en ciertas instancias. Jesucristo, Gandhi, Picasso, Mandela o Churchill dividieron con lo que hicieron. Y todos hicieron parte de ese 1 % extraordinario. No se les puede dar gusto a todas las partes. Crees o no crees. Abrazas la no violencia o el uso de la fuerza. Eres cubista o detestas la disrupción. Estás en favor del *apartheid* o en contra de él. Eres capitalista o comunista. Cada una de esas disyuntivas caracterizó, respectivamente, a los cinco personajes aludidos. Si hemos hablado de la importancia de un sello personal, flaco favor nos haríamos si buscamos agradar a todo el mundo. Si así fuere, terminaremos quedando mal con todos. Y bien merecido lo tendríamos, por tibios. Recuerda las palabras del más púrpura de todos, Jesús de Nazaret: "O fríos o calientes, porque a los tibios los vomito de mi boca".

El entretenimiento es la tumba del pobre

Y sigo dividiendo. El pobre queda sepultado una vez se vuelve adicto al entretenimiento. Series, telenovelas, noticieros, memes y demás son su propia cárcel. Cada actividad es uno de los barrotes de su propia prisión. Un suicidio lento, del que escapará cuando se dé cuenta de que la pobreza solo es el resultado de tener hábitos de pobres. Desde que asesoro en finanzas personales, siempre me ha llamado la atención el mal uso que la gente de escasos recursos económicos le da al tiempo. Es como si no se percataran de que la pobreza es una suma de horas mal utilizadas. "Y qué más hago después de trabajar sino ver televisión". Eso me lo dijeron. Y no es una broma. Estarás pensando en miles de cosas por hacer. Sí, pero ese eres tú, que por solo leer este libro ya hablas de ti y de tus ambiciones. Pero no funciona de esa manera con el común de los mortales. Contando hasta 10, para bajar mi "calentura", le dije: "Puedes hacer deporte, leer, ver documentales, pensar en un negocio, orar, escuchar música, escribir". "Pero eso no me divierte tanto. Empiezo a leer y me duermo". He ahí el problema del 99 %. Privilegian el ya al mañana, la recompensa inmediata al esfuerzo. Si ese ya es todos los días, de todos los meses, de todos los años, te puedes imaginar el resultado: velorio de pobre. Sin nada. En los mismos rines, y con una herencia de deudas y frustraciones.

"La fama"

Si quieres alcanzar nuevas cumbres, jamás te conformes, ni que el éxito se te suba a la cabeza, por ningún motivo. Ten presente esto: la fama es efímera y mentirosa, confunde y distrae. Los seguidores son prestados en su mayoría. La mudanza es lo habitual: "Juan Diego, dejé de seguirte cuando confesaste tu amor por la coca-cola". ¿Qué? Sí, tal y como lo lees. Y otro seguidor ya me había hecho saber qué clase de tierras pisaba: "Juan Diego, hasta aquí te seguí. Cómo así que apoyando al Barcelona". Como lo intuyes, quien lo escribió era partidario del Real Madrid, y su comentario lo hizo cuando me vio con mi hijo Miguel en el estadio del equipo catalán, que él soñaba visitar. "¿Pero eso no es ridículo?". Pero claro, totalmente. ¿Ya ves por qué hablo de que los seguidores son en su mayoría prestados?

No todas las canciones de mis bandas preferidas, The Rolling Stones, ACDC y Cold Play, son de mi agrado. No por ello dejaré de seguirlos o de disfrutar de su música. El 1 % es ecléctico. Toma lo mejor de cada quien y de cada situación. No idealiza, entiende el carácter de mortal que hay en cada ídolo o referente. Los estoicos dicen que estaremos mejor si permanecemos indiferentes a ella y al estatus social. Después de todo, la fama es algo que no está dentro de nuestro control. Buscar el estatus social les concede a los demás poder sobre nosotros. Tendremos que actuar de manera premeditada para que nos admiren y esto nos obliga a hacer cosas que les complazcan. Nos esclavizamos a nosotros mismos en busca de fama. Es mejor enfocarnos en lo que controlamos, nuestra conducta voluntaria. Ser lo mejor que podemos hacer es lo que importa. Expresar nuestra mejor versión en cada momento. No deberíamos buscar ni las gracias ni el reconocimiento por hacer lo correcto. Es que hacer lo correcto es nuestra propia recompensa.

Un apunte final sobre la fama: la fama no sigue a cualquiera buena acción si no se le añaden la dificultad y la extrañeza. Haz cosas extraordinarias y extrañas. Difíciles de emular o entender. Tu aura será mayor, y tus ganancias también.

Renuncia a lo que no quieres hacer

Lo que haces y no deberías hacer es lo que te aniquila. Mi "éxito" no está solo en lo que hago, sino también en lo que escojo no hacer. Sé implacable con eso si quieres avanzar. Te devorarán, de lo contrario. No son pocas las veces en las que le digo a mi esposa: "Eso no lo hago, lo haces tú o buscamos quién lo haga, y le pagamos. No me pongas a hacer cosas que no quiero hacer, que no me producen alegría, puesto que las haré mal. Déjame continúo en lo que se me da, y nada te faltará, nunca, ni a ti ni a nuestros hijos". Hay silencio, sin que signifique aceptación. No la tiene que haber, la verdad. Yo me la juego. No pueden escribirse dos libros en un año, como lo hice en 2021, haciendo cosas que otros pueden hacer mejor que yo y que carecen del más mínimo interés para mí. O compras paz y te dejas embarcar en actividades que no quieres hacer y engullen tu tiempo, o te emancipas y realizas solo aquello que te haga sentir feliz y al precio que haya de pagarse.

E iré más lejos y te pondré retos: de hoy en adelante dormirás seis horas diarias, no verás realities, ni noticieros, ni leerás libros de ficción, reducirás las compañías tóxicas, hasta llevarlas a cero en un mes, y abandonarás un vicio, si lo tienes. Tras eso, descubrirás que sí tienes tiempo. Tenemos tiempo para lo que amamos. Solo cambia hábitos para usarlo mejor.

El genio se hace

Ser del 1 % es ser un incomprendido. Ser del 1 % es ser recordado por el sentimiento y la admiración que provocas, no solo por los conocimientos que posees. Hay muchas personas brillantes que no son genios. Eruditos que no alumbran. El genio es el 1 %, y mucho me temo, según lo que he leído y visto, que no nace, también se hace. Una planta hermosa que no se riega fue genio y ya no lo será; una planta a punto de marchitarse, cuidada con esmero, se puede volver genio. La dedicación y la inspiración eclipsan la cuna, el origen mismo. Miles son los personajes de la historia por los que no se daba un céntimo, y hoy son recordados como genios. Otros fueron llamados genios, y se malograron.

Puedes convertirte en un genio. No me cabe duda. Si desconfías de la validez de esa sentencia, no proviene de ti, sino de quienes te han sembrado esa desconfianza. Y ahí, en esa lista de demonios vestidos de consejeros, están las tres víboras que destacaba desde *El día que Dios entró al banco*: la sociedad, algunos de los que te rodean y tu voz limitante (Matilde).

La buena noticia que tengo para darte es que ninguna de ellas podrá influir más de lo que pueden hacerlo un ser superior, una noble intención y tu mejor versión. El triunvirato mágico. No existe nada más poderoso en el universo que ese lúcido trípode. Musk es un genio, y sus compañeros en Sudáfrica lo tildaban de "alguien del montón". Y así sucedió con Edison y sus profesores, con J. K. Rowling y sus editores, con Churchill y Darwin y sus padres. El destino catapultó a cada uno de esos personajes, precedido ese éxito de una causa común: determinación, propósito y tenacidad. Muchas horas de trabajo y entrega. Brutal autoconfianza, esa misma que destacaba Emerson en *Confianza en uno mismo*. Si desconfías de que puedes convertirte en ese 1 %, te sugiero algo: cuando Matilde grite, que tus actos lo hagan más fuerte. Solo la vencerás cuando encuentres placer en hacerlo. Una vez seas más grande que ella. Y mutarás a genio, santo, millonario, leyenda. Dicen que el Buda era apenas uno más en sus privilegiados inicios; lo mismo ocurrió con Francisco de Asís, Jack Ma, Coco Chanel, Helen Keller, Demóstenes y tantos otros. Innumerable sería la lista. Hoy están en el selecto 1 %. He visto a futbolistas geniales de los que se burlaban en sus inicios. Y a otros que tildaban de brillantes con los que no pasó nada, por díscolos.

El genio corre una maratón, no los 100 metros planos. Lo del genio no es un simple destello, también es la conquista de sí mismo día tras día, es el desafío de la probabilidad, es la encarnación de la epopeya, es el milagro ambulante, por el que nadie daba nada, excepto Dios, esa intención noble que persigue y el ser esencial del que hablaba.

El poder de la disciplina y el hábito

Hablando de determinación, propósito y tenacidad, no se trata de que hoy hagas algo bien, sino de que mañana lo repitas. Esto debido a lo que me dijo alguien: "Hoy te hice caso y leí tres horas, fui al gimnasio y hasta saqué tiempo para orar". "Me parece muy bien, ahora hazlo todos los días". David Hume lo escribiría así en el siglo XVIII: "El hábito es un medio poderoso de reformar la mente e implantar en ella buenas disposiciones e inclinaciones", unas líneas que podrían haber salido directamente de la pluma de Confucio o de Aristóteles. Al igual que ellos, Hume vio que la transformación de los hábitos requería perseverancia y esfuerzo para dar fruto. "Cuando alguien está plenamente convencido de que es preferible el curso virtuoso de la vida, si tiene la suficiente resolución durante algún tiempo para imponerse a sí mismo una cierta violencia, no tiene por qué perder la esperanza en su reforma".

Haters y críticos

Nos recordaba Marco Aurelio:

> Siempre que otro te vitupere u odie penetra en sus pobres almas, adéntrate en ellas y observa qué clase de gente son. Verás que no debes angustiarte por lo que piensen de ti [...] La amabilidad es invencible. ¿Qué te haría el hombre más insolente, si fueras benévolo con él y si, dada la ocasión, le exhortaras con dulzura y le aleccionaras apaciblemente en el preciso momento en que trata de hacerte daño? No, hijo; hemos nacido para otra cosa. No temo que me dañes, eres tú quien te perjudicas.

"Asusta más el lobo que calla que el perro que ladra". Algunos temas de tendencia dentro de las redes sociales se parecen a recipientes infestados de cangrejos que se aniquilan entre sí. El 1 % puede tener millones de seguidores en esas redes. O bien que ya los tengas, o bien que quieras tenerlos, piensa en esto: ¿puedes darle respuesta a cuanto insulto emerja de una cuenta con millones de seguidores? No puedes, ni querrás hacerlo. No eres el cangrejo ni tampoco el dueño del balde, que es la misma red. No te desgastes. El gran Churchill decía: "No podrás ir muy lejos si, avanzando en tu caballo, te detienes a responderle a cada perro que te ladre". No le ha ido muy bien a los perros en este párrafo. Ya me encantan. Y hago la acotación, porque, si leíste mis primeros libros con el Grupo Planeta, recordarás el karma que en su momento significaron para mi calidad de vida. Volviendo a lo esencial: el 1 % produce contenido de alta calidad en redes y, por ello, los seguidores que tienen. "Juan Diego, pero hay mucha cuenta que solo publica basura y tiene millones de seguidores". Seguramente, pero ni te interesan esas cuentas, ni eres el dueño de una de ellas, ni es el 1 % que buscamos ser.

Termino esta reflexión con una historia provista de tres personajes: un niño, un anciano y un burro que lleva una mercancía a cuestas. Ambos conducirán al animal a un destino cierto. El niño primero se monta en el burro mientras el anciano los arrastra de una cuerda. Metros más adelante, alguien los increpa: "Oye, niño, cómo es posible que seas quien esté sentado mientras que el pobre anciano sea el que camine". Quien habló, pareciera tener la razón, por lo cual se invierten los roles. Ahora el anciano se monta en el burro y el niño los conduce. Avanzan y, de nuevo, un hombre los detiene: "Señor, no le parece muy cruel poner a trabajar al pequeño mientras está sentado? No sea descarado". El anciano y el niño acuerdan montarse al tiempo en el pobre burro. Y continúan su camino. Alguien más sale a su paso y les sentencia: "Por favor, no he visto nada más cruel, ¿cómo se les ocurre tratar así al burro? Eso es maltrato animal". Conscientes de su error, el anciano y el niño deciden bajarse del burro y caminar, para que así el burro descanse. No paran las cosas allí. Minutos después los vuelven a increpar: "Pero qué inocentes son, ¿cómo se les ocurre dejar libre al burro mientras ustedes dos caminan? Es el burro el que más debería trabajar".

Como ves, hay una moraleja que parece obvia: hagas lo que hagas siempre serás criticado. Total, haz lo que mejor te parezca y que los demás hablen.

Una vindicación del egoísmo

Si no subordinas tu felicidad a la felicidad de otros, bienvenido al club del 1 %. El individuo deberá primar sobre el grupo, mera suma de lo que llaman los demás. El individuo vive su vida, padece sus rigores, soporta sus desvelos, solo, en la intimidad de la lúgubre noche. Al levantarse, nadie le procura su alimento. Él habrá de procurárselo, con su intelecto y sus mismas manos. Cuando ríe y se enorgullece de lo hecho, no todos ríen ni sienten lo que él ha sentido. Cuando llora, los que llaman amigos huyen de sus lágrimas y pocos darán fe de lo que a ellas condujo. Siempre que se vence a sí mismo, seguirá estando solo, pues se ha batido contra su otro yo, que lo pretende reducir y le augura infortunios, y, aun así, espoleado, el ser avanza. Sí, el individuo, imbuido de grandeza y rozando lo estoico. Y muere solo, sin el grupo, sin el otro, que no se impregna del olor a muerte, pues sigue vivo, eso cree. Y al individuo lo entierran o lo creman, qué más da. Nació solo, vivió solo, y se transformó solo, no con un grupo, al que seguirán llamando: los demás.

El 1 % no recurre a recordar favores prestados cuando pretende que una persona le ayude, más bien, muestra cómo esa ayuda supondrá un beneficio mutuo. Los seres humanos solemos ser desmemoriados y poco agradecidos, pero sí egoístas y dispuestos a ayudar con tal de que los favores concedidos supongan una mejora por ello.

Como lo dijera Dale Carnegie en su memorable libro *Cómo ganar amigos e influir en las personas*, muéstrale siempre a tu contraparte los beneficios que obtiene cuando le pidas un favor. En Colombia, lo llamamos "¿cómo voy yo?", es decir, cuál es mi beneficio si te ayudo. ¿Crudo? Sí. ¿Pragmático? También. La mejor forma de lograr que te ayuden es detectando qué necesidades e intereses tiene nuestra contraparte. Dominar este arte supone beneficios infinitos, saltos cuánticos, progreso abrupto.

El egoísmo es una fuerza magnífica, y argumentaba Rand que "ningún gran genio había estado motivado por el deseo de ayudar a otros más que por su compromiso personal frente a sus ideas y su visión". Considero que el progreso adquiere vigor cuando se alimenta en tierras abonadas con egoísmo, no solo de altruismo y generosidad. Yo, la palabra que más pronunciarás hasta que te mueras, debe ser la preferida por todos. Su aniquilamiento, en defensa del nosotros, la palabra preferida de los comunistas, es sinónimo de pobreza.

Escuchar y escuchar

Te pongo otro reto: la próxima vez que escuches a alguien no lo interrumpas, permite que termine de hablar. Y ve más allá. A partir de lo que te diga, hazle preguntas, interésate por sus palabras. Por favor, no caigas en la vanidosa tentación de querer llevar la conversación a tu propio terreno, con algo tan repugnante como "A mí me pasó lo mismo", "Qué curioso, igual que a mí". Cállate simplemente. Apela a los santos en los que creas o a la mayor demostración de fuerza de voluntad que creas se haya dado en la historia. Pero no hables. Solo escucha. Muérdete los labios si es preciso. Que no salga una sola palabra de tu boca, por importante que parezca ser. Importante es ponerse en la piel del otro y hacerlo sentir un verdadero ser humano. Si logras hacer eso, escuchar, un milagro en tiempos como los actuales, bienvenido al 1 %, que no interrumpe. JAMÁS digas: "Disculpa que te interrumpa". Es que no te disculparán, así te digan: "Adelante". Te verán precipitado y egoísta. Escucha, y la persona que tienes frente a ti, hablando sin ser interrumpida, podría encontrar la respuesta a su pregunta, la solución a su problema, sin que siquiera hables. Y te dirán cosas como "¡Gracias!". "¿Pero gracias de qué, si ni hablé?". "Gracias por escucharme. Hace mucho tiempo no hablaba con alguien que no me interrumpiera, que no desviara su mirada hacia su teléfono celular y que pareciera interesado en mis problemas". Sigue haciendo esto y me inspirarás para publicar un libro sobre el 0,1 %. Ese raro porcentaje de la población que no solo escucha, sino que lo repite cada vez que alguien le confiesa algo. Siento que me escuchaste a la distancia, amable lector. ¡GRACIAS!

El 1 % no debate

Debatir es un ejercicio laborioso y empobrecedor, parafraseando a Borges cuando se refería a escribir novelas de quinientas páginas. No pretendo convencer a nadie más que a mí mismo. Si pienso, leo, hago preguntas, aventuro respuestas y repito el proceso, mal fin tendría que a todo ello quisiera darle validez o uso con la bendición de quien nada de eso hizo, y que, por ende, no lo entiende. Me parece más inteligente exponerlo y que cada cual, a su libre albedrío, decida si lo acoge o no, si le es conveniente o no. "Pero ¿no sería mejor que debatieras las conclusiones a las que llegaste para precisar si son verdad o tienen razón de ser?". En ese caso, "¿qué es la verdad?", preguntaría. A Jesucristo le preguntaron por la verdad y guardó prudente silencio. Además, ¿razón de ser para quién? No quiero rayar en lo dogmático, ni pretender que mis pensamientos sean definitivos y que nada pueda mejorárseles. Lejos estoy de eso. Pero, si el fin fuera enriquecerlos, bástenme los libros y los hechos para cotejarlos, no discusiones eternas que suelen desafiar mi paciencia y no conducir a nada.

Imagínate debatir sobre riqueza con alguien fanático de la frase: "Más fácil entra un camello por el ojo de una aguja que un rico en el reino de los cielos". O interrumpir a un sacerdote en plena eucaristía porque afirmó que "el dinero es la raíz de todos los males".

"Que cada uno se coma lo que cocina", que cada uno evalúe si el silencio de su interlocutor u oyente es complacencia o sabiduría, pues nada confiere más autoridad que el silencio. Que cada uno de ellos se pregunte si pensando como piensan y diciendo lo que dicen serán ricos, en el primer caso, o tendrán lo necesario para que su iglesia siga en pie, en el segundo.

"Juan Diego, nací para ser pobre", me dijo alguien. Y no has llegado a la sección de surrealismo o a páginas escritas por Salvador Dalí. No. Has llegado a un ejemplo de carne y hueso del ciudadano común. Solo apelé, para responder, a la idea millonaria número 23, de mi libro *Ideas millonarias*, llamada "abrevia". Me limité a decir: "Te creo". De no haber optado por la síntesis, habrían ocurrido dos cosas: o me da un derrame cerebral o, siendo tentado por la dialéctica, todavía le estaría explicando por qué lo que afirmó no solo es una estupidez sino algo atroz, para él y su familia. Me conformo, entonces, con eso: haberle dicho "te creo". Y es que pensando así, ¿qué más se podría esperar de ese fiel exponente del 99 %?

No te desgastes. Escoge muy bien si hablas o callas. Las personas suelen hablar mucho para decir poco. El 10 % de lo que dicen bastaría para exponer una idea. "Somos amos de nuestro silencio y esclavos de nuestras palabras".

¿Que tu interlocutor creyó ganarte la discusión o tener la razón? Fantástico. Dile, feliz, que claro, que ganó, que le concedes la medalla de oro, que suba al podio. Un podio de papel, trémulo, que se vendrá al suelo tan pronto descubra cómo su ignorancia aterriza en su vida; y hablando de dinero, en su cuenta bancaria. Es más, sé grande y ve más lejos; vitoréalo y dile: "¡Grande, campeón! ¿Qué mayor muestra de nobleza podrías dar?". Pero tú, el 1 %, sabrá que otra cosa ocurrió.

El poder del silencio y la distancia

El silencio es la sofisticación más alta; exige razón, sabiduría, inteligencia y autocontrol. ¿Conoces a muchas personas que tengan todo eso al mismo tiempo? ¿Pocas? ¿No? Ya ves por qué es tan sofisticado. Hablar, por el contrario, lo hace cualquiera. Y algunos abusan de la palabra, pudiendo decir lo que quieren decir tan solo con el 10 % de las que pronuncian, como ya lo cité. Y cuanto más hablamos menos se nos escucha. Cuanto más silenciosos y misteriosos parecemos, más se valorará lo que salga por nuestra boca. "¿Y cómo desarrollo esa habilidad, Juan Diego?". Modelando a quienes la poseen. Borges era un maestro para sintetizar. Mucho me ha ayudado, no solo para hablar sino para escribir. Era capaz de decir muchas cosas con pocas palabras, lo que no es una virtud menor. Si leíste *Ideas millonarias* recordarás la importancia de abreviar. Si quieres un progreso rápido, debes ser muy eficiente con lo que hables y lo que hagas. Si cada una de tus historias tarda en contarse horas, mucho me temo que la vida no te alcanzará. Es más, te podrías reencarnar cincuenta veces, y no te bastaría el tiempo. Las personas tienen minutos para escucharnos (en ocasiones solo segundos) y exigen que les digamos lo que más podamos en menos tiempo. Aquellos que posean esa cualidad, se llevarán un gran botín. Si hablas mucho, emprendes menos. Para emprender, se requiere pensar, y no lo harás si estás hablando. ¿Qué idea habría de ocurrírsete si no cierras la boca?

Y es que, hablando de silencio, Leonardo da Vinci lo decía de esta manera: "Las ostras se abren por completo cuando hay luna llena; y cuando los cangrejos ven una ostra abierta, tiran dentro de ella una piedrita o un trozo de algo, a fin de que la ostra no pueda volver a cerrarse y el cangrejo pueda devorarla". Este es también el destino de quien abre demasiado la boca, con lo cual se pone a merced del que lo escucha. El arte del silencio, que también lo practicara Indira Gandhi, es inapreciable. "Asusta más un lobo en silencio que un perro que ladra", recuérdalo.

El general Charles de Gaulle iba más allá al afirmar que "no hay autoridad sin prestigio, y no hay prestigio sin distancia". La distancia genera respeto. Ser inasible, en lugar de pretender mostrarse cercano todo el tiempo, genera un aura de poder. A medida que la fama crezca, más deseable será tu presencia. Cuantas más personas te deseen, más personas te encontrarán deseable. ¡Y te pagarán mejor por lo que hagas!

El pensamiento binomial

Es una tentación para el 1 % decir que algo es blanco o es negro. Ama simplificar y ahorrar tiempo. Alguien sirve o no sirve, es extraordinario o mediocre, funciona o no. Clasificar a las personas con suma rapidez, tal y como escanea una mujer a un hombre cuando lo conoce, sí que es una tentación, y lo es porque ese 1 % acumula información y vivencias tan valiosas que harán de ese escáner una afilada herramienta para detectar lo que a su juicio es o no es. En Cero Imposibles, nos ocupamos de esa habilidad, y con solo ver el rostro de alguien en condiciones normales, inferimos cómo es la persona. Hablamos de ella.

El 1 % es celoso con las 24 horas que tiene un día, la verdad sea dicha. Las vigila con celo. Vela por que cada hora sea exprimida, de tal suerte que no quede gota alguna de aquello que exprime. Desprovisto habrá que estar de compasión o liviano de espiritualidad para tener la frialdad de decir con quién me quedo y con quién no, a quién le hablo y a quién no, con quién comparto mi tiempo y con quién no. Asoman a mis sentidos ráfagas de compasión y humanismo, que me despojan del enfoque binomial, para valorar a aquellos que parecieran no encajar con mi modo de ver las cosas, pero que habrán de enseñarme muchas otras que lo depuren. Frontera peligrosa esa. Lo binomial tiene mucho de soberbio. Lo tolerante mucho de humanista. El 1 % ha de escoger con qué se queda, sin que medie un dogma que fije sentencia sobre la conveniencia de una otra opción, desechar y despreciar, o ser tolerante y acoger.

Ayudas fisiológicas para dar saltos cuánticos

No son pocas las personas que han recurrido a las anfetaminas y a las drogas sintéticas como el LSD para aumentar su productividad. Graham Greene, Steve Jobs, Thomas Edison, Sigmund Freud y Ayn Rand fueron consumidores de unas u otras. Rand, por ejemplo, consumió durante décadas anfetaminas que le permitieron altos niveles de productividad y concentración, hasta el punto de que, como lo destaca Anne

C. Heller en su libro *Ayn Rand and the World She Made*, escribía hasta treinta horas consecutivas sin dormir, en sus dos más memorables libros: *El manantial* y *La rebelión de Atlas*. Se afirma que su velocidad y precisión parecían increíbles. Mientras le había tomado años planear y componer el primer tercio de su novela, *El manantial*, en los doce meses de 1942 llegó a escribir un capítulo por semana. Y no estamos hablando de un libro de cincuenta páginas.

Sé que esto es cuestionable y no lo tomes como una recomendación. No las uso. Solo es información y siento que lo debo traer a un libro como este, que busca progresos extraordinarios. Me bastan, a título personal, altas dosis de cafeína, combinadas con coca-cola y un par de *whiskies* para que mi cabeza se encienda como quiero. Lo hago sin abusar. Y, si me criticas, no solo estarás en tu derecho de hacerlo, sino también que muy seguramente tendrás la razón. Si te funciona un sándwich de pollo con jugo de mandarina, un yogur de maracuyá o cualquier otra mezcla menos tóxica que las enunciadas, adelante, magnífico, lo importante es que vayas mucho más allá de lo que has hecho en materia de logros. Honoré de Balzac consumía enormes cantidades de cafeína, por ejemplo. Se especula que hasta cincuenta tazas de café diarias y que, incluso, lo consumía solo, de la misma cuchara. Y fue prolífico su trabajo: más de noventa obras.

"Yo no necesito ninguna ayuda, Juan Diego, me basta y me sobran mi cerebro, la oración, la meditación y el deporte". Fantástico. Si eso te basta para sentir que aflora tu mejor versión, adelante. También oro, medito y hago ejercicio, cinco veces por semana. Celebro tu autoconfianza, pero, y solo para confirmarlo, ¿estás a gusto con tu hoja de vida?, ¿con tus logros y trayectoria? Solo quiero que te preguntes por las cosas grandes que has hecho y que en el fondo de tu corazón sabes que puedes acrecentar. Estamos hablando del 1 %, logros del 1 %, extraordinarios.

4. EL 1%

Te hablaré brevemente de una serie de personajes que hacen parte del 1 %, de los que no me he ocupado en anteriores libros y en los que quiero profundices, pues han marcado mi vida, marcarán la tuya y hoy los considero mis amigos. Solo será una suerte de provocación, ráfagas atadas a este libro, no una biografía, que no me compete escribir.

Andrew Carnegie

Tras invertir junto con su socio J. P. Morgan, en molinos de acero en la década de 1880, Carnegie se convirtió en el segundo hombre más rico del mundo, detrás de John D. Rockefeller. A lo largo de su vida, Carnegie donó más de US$350 millones y, después de su muerte, sus últimos US$30 millones se donaron a fundaciones, entidades de caridad y pensionados. Como por variar, las dificultades no le fueron ajenas en su vida. Dejó su natal Escocia por una penosa vida inicial en los Estados Unidos, donde debió trabajar en una fábrica de algodón a los 12 años, y así interrumpió la escuela, que tanto amaba. Al igual que sucedió con Rand, la creencia de Carnegie en el individualismo lo llevó a subestimar la ayuda que recibió de otros para ascender como empresario y millonario. Quizá, lo más memorable fue tener un mentor que le enseñara a temprana edad a realizar inversiones y recibir dividendos de las compañías en las que invertía. Relativamente pronto en su carrera, Carnegie tuvo una epifanía acerca de la vanidad de perseguir riquezas: cuando se dio cuenta de que tenía la increíble suma, en su momento, de US$50 000, resolvió que no necesitaba más dinero que ese en un año. Como era de esperarse, su pasión por los negocios y por la competencia lo llevaron mucho más allá, y finalmente, cuando se retiró, vendió su compañía de acero por US$250 millones, astronómica cifra para su época. Aun así, tuvo claro desde muy joven lo que más adelante haría en su vida adulta: donar su dinero. "Sería una desgracia para un hombre rico morir rico", escribió en *The Gospel of Wealth* (*El evangelio de la riqueza*), en 1889. Un hombre rico debe hacer de su dinero algo útil. Fue un filántropo activo de bibliotecas, tanto públicas como universitarias, y escenarios para la práctica de la música.

Carnegie consideraba que el verdadero camino para un éxito contundente en cualquier campo es hacerse un maestro en ese campo. Muchas ocupaciones te dispersan. El hombre que tiene éxito es aquel que escoge un campo y se aferra a él.

Según Carnegie:

Es sorprendente cómo pocos hombres aprecian los valiosos dividendos que se derivan de invertir en su propio negocio. Es allí donde debes concentrar tu dinero, tu tiempo y tu atención. Yo me concentré en la manufactura de hierro y acero y adquirí maestría en ellos. Y no se trata de lo que yo le debo a mis deudores, sino de lo que me debo a mí mismo. Esa es la cuestión. Hay momentos en la vida del hombre que testean si está hecho de escoria o de oro puro. Es la decisión tomada en la crisis la que prueba al hombre. Bien sea que el cambio exista para bien o para mal, está sobre nosotros, más allá de nuestro poder para alterarlo y, por lo tanto, para ser aceptado y aprovechado al máximo. Es una pérdida de tiempo criticar lo inevitable.

Carnegie, férreo defensor del capitalismo, también afirmaba:

Bajo la ley de competencia, el empleador de miles es forzado a las economías más estrictas, entre las cuales las tarifas pagadas al trabajo ocupan un lugar destacado y, a menudo, hay fricción entre el empleador y el empleado, entre el capital y el trabajo, entre los ricos y los pobres. La sociedad humana pierde homogeneidad. El precio que paga la sociedad por la ley de la competencia, como el precio que paga por comodidades y lujos baratos, también es grande; pero las ventajas de esta ley son también mayores que su costo, porque a esta ley le debemos nuestro maravilloso desarrollo material, que trae mejores condiciones en su desarrollo. No podemos estar seguros del efecto de los nuevos sustitutos propuestos a la ley de competencia (que hace que muchos progresen y otros queden rezagados). Se debe considerar que el socialista o anarquista que busca cambiar las condiciones actuales ataca los cimientos sobre los que descansa la civilización misma, porque ella comenzó desde el día en que el trabajador hábil le dijo a su compañero incompetente y holgazán: "Si no siembras, no cosecharás", y así acabó con el comunismo primitivo, al separar los zánganos de las abejas [...] A cada hombre se le debe permitir "sentarse bajo su propia vid y su higuera, sin que nadie lo atemorice", si la sociedad humana ha de avanzar o incluso permanecer tan avanzada como está. Para aquellos que proponen sustituir el comunismo por este intenso individualismo, la respuesta es: la sociedad lo ha intentado y todo el progreso desde ese día hasta el presente ha sido el resultado de ese desplazamiento.

John D. Rockefeller

Rockefeller fue un icónico empresario estadounidense; polémico, visionario, despiadado con sus competidores y considerado no solo el hombre más rico de la historia (trayendo su fortuna a valor actual), sino también el mayor de los filántropos que el mundo ha conocido. Llegó a acumular US$1500 millones y realizó donaciones por US$250 millones a lo largo de su vida. Rockefeller afirmaba:

Considero una bendición haber crecido en un hogar de bajos recursos. Quise aportar 2000 dólares para iniciar un negocio. No tenía todo ese dinero. Hablé con mi padre al respecto, quien me dijo que siempre había tenido la intención de darle 1000 a cada uno de sus hijos cuando llegaran a la edad de 21 años. Me dijo que, si yo quería recibir el dinero ya, en lugar de esperar, él podía entregármelo, con la condición de que yo pagase un interés hasta cumplir los 21. Y la tasa es el 10 % [...] Estas experiencias con mi padre me recuerdan las discusiones que había en ese momento frente al porcentaje que me estaba cobrando. Muchos creían que el 10 % es exagerado. Yo estaba acostumbrado a decir que el dinero valía lo que podía producir. Nadie pagaría el 10 %, ni el 5 %, ni el 8 % de interés si no estuviera seguro de poder emplear el dinero prestado de forma rentable (es decir, tener una rentabilidad en sus negocios por encima de esos porcentajes).

Mi madre era muy estricta y, cuando alguien bajaba el estándar en la familia, rápidamente nos recordaba, mostrándonos una barra de madera, que debíamos subirlo. Una vez me estaba castigando por algo que sucedió en la escuela; luego de haber comenzado a recibir los azotes, le expliqué las razones por las cuales yo era inocente. "No importa, dijo ella, ya la paliza ha comenzado. Lo tendré presente para la próxima vez".

El polo a tierra de Rockefeller resulta significativo para que el éxito jamás se nos suba a la cabeza:

Cuando habíamos comenzado a tener tanto éxito, rara vez iba yo a la cama sin repetirme a mí mismo estas palabras: "Ahora has tenido éxito, muy pronto caerás, pronto vendrá la quiebra. Como has tenido un poco de suerte crees que eres un gran hombre de negocios, cuidado, ten prudencia o perderás la cabeza. Mantente firme".

A propósito de la filantropía, que practica buena parte de ese 1 %, Rockefeller expresaba:

Hemos llegado a un punto en que podemos permitirnos pedirles a los hombres pudientes que dediquen tiempo, pensamiento y recursos para el bienestar de todos. Sin embargo, no podemos pretender imponerles a tales hombres los términos bajo los que entregarán su ayuda. Cada hombre debe decidir eso por él mismo.

En esa misma línea, recordaba que los judíos habían tenido por siglos la costumbre de destinar el 10 % de sus ingresos a nobles obras. Creo que, más allá de los porcentajes, lo más importante es la intención de dar, y dar a manos llenas y sin reservas.

"Si se les enseña a las personas a ayudarse a sí mismas, estaríamos atacando la raíz de muchos de los problemas del mundo. Lo único que puede verdaderamente beneficiar a un hombre a largo plazo es aquello que él hace por sí mismo.

Es el deber del hombre ser responsable de la administración de sus propiedades".

Al final de sus días (murió de 97 años), y tras ser acusado en muchas ocasiones de prácticas monopólicas, Rockefeller afirmaría:

Dios me dio mi dinero. Siempre he considerado un deber religioso ganar todo el dinero que honradamente pudiera y usarlo por el bien de mi prójimo según los dictados de mi consciencia […] Nunca he tenido la ambición de hacer una fortuna. La mera creación de dinero jamás fue mi objetivo. Mi ambición ha sido siempre el construir […] Si el único objetivo que tienes en la vida es volverte rico, nunca lo conseguirás.

Warren Buffett

Hablar de Warren Buffett es hablar de una filosofía de vida y de una exitosa metodología de inversión, puesta al fuego por décadas.

Ríos de tinta han corrido sobre la historia de este legendario inversionista, quien repartía periódicos en Omaha, Nebraska, hizo su primera inversión a los 11 años, tuvo por primer emprendimiento una máquina tragamonedas en una barbería y superó, año tras año, la rentabilidad de los principales índices del mercado. En esta breve reseña, exprimiré al máximo su filosofía como inversionista, al tiempo que citaré su mayor contribución a mi experiencia como inversor, para que también la aproveches. Debo hacerte una confesión para empezar: solo en épocas recientes, con algunas canas encima, he extraído mayor provecho de las enseñanzas de Buffett que las que extraje décadas atrás, cuando mis impulsos, impaciencia y apetito por el riesgo caracterizaban mi manera de invertir. Los años van mejorando al inversionista como el fuego va aquilatando el oro.

A Buffett llegué por Benjamin Graham, su mentor, profesor y referente inicial en el mundo de las inversiones, más conocido como el padre del análisis financiero, y quien, por cierto, publicó un par de libros memorables, auténticas biblias en el mundo de las inversiones: *Security Analysis* (Análisis de valores), escrito por primera vez en 1934 y *The Intelligent Investor* (El inversionista inteligente) en 1949, con certeza, uno de los libros que más disfruté y que me han ayudado a entender el mundo de las acciones.

Con los años, Buffett se fue desligando de las teorías y de los métodos de inversión de su mentor al comprobar que la realidad las eclipsaba, y le dio más peso a sus propios análisis, así como a los de los exitosos inversionistas Charles Munger y Philip Fisher. Para ser concretos, comprar cualquier cosa que pudiese considerarse como una ganga, lo que le brindaba al comprador un *margen de seguridad*, enfoque auspiciado por Graham, dejó de ser estimado por Buffett como la estrategia ideal, importándole no solo el precio sino el negocio, a qué se dedicaba la empresa y qué tan rentables y predecibles eran sus resultados. Las empresas mediocres no producen resultados que se puedan estimar y la competencia hace que la rentabilidad a largo plazo desaparezca. "El tiempo es el amigo de las grandes empresas y el peor enemigo de las mediocres".

A Buffett le debo muchas cosas. La primera tener presente que la diversificación es más una estrategia para no perder que una para ganar. Entender que, cuando diversificas en exceso, solo te proteges contra tu propia ignorancia. Buffett diversifica, por supuesto, no podría ser de otra forma para una cartera billonaria como la que posee. De ahí a comprar infinidad de títulos, que no alcanzas a estudiar y que desconoces en su esencia, hay una gran distancia. Fue de él quien aprendí que más importante que estar muy diversificado es estar bien focalizado, que hay que entender el negocio de la empresa que se adquiere y no invertir en lo que desconoces. Tampoco hacerlo por moda o esperando ganancias rápidas que te lleven a liquidar tu inversión la semana próxima. Él no trata a sus inversiones así. Se asegura de entender claramente los balances de una empresa antes de comprarla, de tomar nota del historial de beneficios que produce y de estar seguro, hasta donde le sea posible, de la continuidad de esos beneficios en el tiempo. Buffett se distancia del concepto especulador. Si has escuchado el térmico *inversionista de largo plazo*, es él quien mejor lo representa. De hecho, en cierta ocasión, le preguntaron por el horizonte de sus inversiones. Él respondió: "Mis inversiones son para toda la vida". Ahí abraza la metodología de Graham, quien afirmaba: "The more you trade the less you keep". Esto es, cuantos más negocios hagas, menos capital conservas. Esa orientación de largo plazo se comprueba con acciones como Coca-Cola, Bank of America, American Express, entre otras, que han estado, o estuvieron, por largo tiempo en su portafolio.

Uno de los puntos en los que Buffett más hace énfasis, si te quieres volver millonario, es en el del interés compuesto. Esto es, intereses que producen intereses. Ama ese concepto, vela por que cada año gane dinero y enfatiza en que se reinvierta. Berkshire Hathaway, su empresa *holding* de inversiones, no reparte dividendos a sus accionistas, por ejemplo, sino que reinvierte sus utilidades con la expectativa de producir mayores beneficios que aquellos que obtendría un accionista con los dividendos que se le entregan. Si los beneficios de una compañía se retienen, esto es, no se reparten como dividendos, hay más dinero para reinvertir. Si durante cada año se produce un beneficio sobre una inversión x, y tanto el capital como la utilidad se reinvierten para el año siguiente, irán generando una bola de nieve. Esa bola de nieve es lo que se conoce en finanzas como interés compuesto, una verdadera obsesión para Buffett y sus seguidores, y que supone invertir bien las ganancias. "¿Qué es bien?", te preguntarás.

En una metodología como la de Buffett, esa palabra significa comprar en pánico y vender en euforia. También comprar al precio más bajo posible, de tal suerte que sea ese precio bajo el que termine fijando la rentabilidad de la inversión. Cuanto más bajo sea el precio de compra, mayor será la rentabilidad cuando vendas. Buffett también afirma que, en ocasiones, la mejor inversión es no hacer ninguna. Ha mantenido grandes cantidades de liquidez en momentos de euforia y efervescencia en el mercado. Se alejó de inversiones que no entendía, como las que produjeron el estallido de la burbuja tecnológica a comienzos del siglo que corre. Ha sido tildado de conservador y de ortodoxo, pero los resultados que ha obtenido a lo largo de décadas han aplastado a sus críticos: su propia empresa de inversiones, Berkshire Hathaway, se cotizaba en bolsa a US$525 en 1981. El 21 de octubre de 2021, momento de escribir estas líneas, su precio ascendía a US$431 680 por acción. Ahora vuelve a leer la cifra. No la escribí mal. Basta que ubiques el *ticker* o nemotécnico BRK en cualquier plataforma de *trading* de acciones para comprobarlo. Con los números resulta difícil discutir y, por eso, Buffett es una leyenda.

Se ha dicho de él, también, que es una persona avara y mezquina, hasta el punto de que no muchos entienden cómo es posible que uno de los hombres más ricos de la historia viva en la misma casa por décadas y conduzca un modesto auto. Quienes lo conocen dan fe de que su frugalidad solo es el resultado de los cálculos financieros que llevó a cabo. Por citar un caso, no tenía para él fundamento financiero alguno comprar un auto de US$20 000 que en diez años no valdría nada cuando ese mismo dinero, a una tasa interés compuesto del 23 % anual, habría producido US$158 518. El 23 % no es una cifra extraída de un sombrero. Es una rentabilidad compuesta anual obtenida por Buffett en el pasado, puesta a manera de ejemplo.

Sé que podrás estar pensando que no todo se trata de dinero, y coincido contigo. Si un auto me gusta y lo he trabajado, esto es, me he sacrificado para conseguirlo y poderlo disfrutar, no hay razón para prescindir de él. El estilo frugal de Buffett es, quizá, el que no rima con lo que tú y yo pensamos. Y es que, en realidad, lleva una vida que más pareciera ser la de alguien con ingresos medios que la de un billonario. Alejada de lujos y notoriedad. Por el contrario, su afán es seguir aprendiendo, estudiando y leyendo, una de sus mayores pasiones. A propósito de lecturas, te sugiero tres libros, entre los varios que he leído sobre Warren Buffett: *El tao de Warren Buffett*, *Buffetología* y *Buffett: The Making of an American Capitalist*, biografía escrita por Roger Lowenstein.

El legado de Warren Buffett quedará por siempre: un legado de precocidad, estudio, racionalidad, consistencia y frugalidad. Lo que no es poca cosa.

Jeff Bezos

"Evitar el día 2" fue una de las expresiones que más llamaron mi atención del libro *Crea y divaga: vida y reflexiones*, de Jeff Bezos, fundador de Amazon y uno de los hombres más ricos de la historia.

"Jeff, ¿cómo es el día 2?". Esta pregunta me la formularon en nuestra última reunión de personal. Me he pasado dos décadas recordándole a la gente que cada día es el día 1. Trabajo en un edificio de Amazon llamado Día 1, y cuando me mudo de edificio, le pongo el mismo nombre. Así siempre lo tengo presente. El día 2 es el del estancamiento. A este le sigue la irrelevancia, luego el doloroso y humillante declive y, en últimas, la muerte. Y ese es el motivo por el que siempre aquí es el día 1. Me interesa más la siguiente pregunta: ¿Cómo evitar el día 2? ¿Cuáles son las técnicas y las estrategias para lograrlo? ¿Cómo puedo mantener la vitalidad del día 1 incluso dentro de una gran organización? Preguntas como estas no pueden tener respuestas sencillas, pues hay muchos elementos, múltiples caminos y demasiadas trampas. No puedo dar una respuesta categórica. En primer lugar, enumeraría los elementos indispensables para continuar en el día 1: centrarse en el cliente, mantener una visión escéptica de los indicadores, aceptar con entusiasmo las tendencias externas y tomar decisiones con una rapidez vertiginosa.

Continúa diciendo Bezos:

Hay muchas maneras de enfocar un negocio. Puedes centrarte en la competencia, en el producto, en la tecnología o en el modelo de negocio, entre otras muchas cosas. Pero, desde mi punto de vista, la mejor estrategia para preservar la vitalidad del día 1 es mantener el enfoque centrado en el cliente por encima de todo. ¿Por qué? La orientación al cliente tiene muchas ventajas, pero la principal es esta: los clientes siempre están excelente y maravillosamente insatisfechos, aunque digan que están contentos y que tu servicio es fantástico. Incluso cuando todavía no saben lo que les vas a ofrecer, los clientes ya quieren algo mejor, y tus anhelos por complacerlos te llevarán a idear todo tipo de cosas que les puedan gustar. Ningún cliente pidió jamás a Amazon la creación del programa Prime, pero resulta evidente que lo querían; y hay muchos ejemplos como este. Permanecer en el día 1 requiere experimentar pacientemente, aceptar fracasos, plantar semillas, proteger los brotes y doblar la apuesta cuando satisface al cliente. Y lo que favorece las condiciones adecuadas para hacerlo posible es una cultura de servicio al cliente. Creo muy firmemente en la capacidad del capitalismo basado en el emprendimiento y en los mercados libres para resolver muchos de los problemas del mundo. No todos, pero sí muchos de ellos.

Santiago Zapata

"¿Quién es ese, como para citarlo en una lista del 1 %?", te preguntarás. Santiago es un joven colombiano que padece una discapacidad llamada distrofia muscular de Duchenne. Tuve la fortuna de conocerlo y entrevistarlo a causa de la grata impresión que me provocó y de lo admirable que resultan ser tanto su mentalidad como su actitud ante la vida.

Santiago sí que hace parte del 1 %. Su libro *Caminando con mi mente* es una oda a la iluminación que puede tener un ser humano cuando entiende que está para trascender y que sus problemas, de cualquier índole, solo son trampolín para avanzar y llegar más lejos. La enfermedad de Santiago, como el mismo lo cita, es una de las más duras y progresivas. Entre más de sesenta tipos de distrofia muscular, la Duchenne es de las más graves. Debilita los músculos poco a poco hasta limitar los movimientos casi por completo. Las piernas y las manos cada vez son más delgadas y débiles, lo que le impide contar con el 5 % de la movilidad de una persona normal. Su hermano Maicol (así como lo ves escrito) murió de la misma enfermedad a los 19 años. Sin embargo, como lo expresa Santiago, su fe aumentaba cada día: "Cada mañana despierto con mayor fuerza, con la convicción de que mi movilidad está mejorando, creyendo que Dios tiene un propósito para mí, por lo cual hago todo lo que puedo para que mi enfermedad y mi calidad de vida mejoren". Y continúa: "Empieza a darle gracias a Dios por todas las bendiciones que te ha regalado durante toda tu vida, ya que tienes lo que yo he llamado las siete maravillas del mundo: poder ver, poder respirar, poder oír, poder tocar, poder sentir, poder hablar y poder amar".

A propósito del 1 %, Santiago sostiene: "El propósito natural de todo ser humano es crecer y evolucionar, pero, si no fuera por las personas que están en constante crecimiento y mejorando cada día, el mundo no sería lo que es hoy por hoy". Sobre el éxito, afirma que se debe medir no tanto por la posición que se alcance en la vida, sino por los obstáculos que hay que superar para lograrlo.

Un ser ejemplar Santiago. La entrevista que le hice la puedes ver en nuestro canal de YouTube, Invertir Mejor Online, donde ratificarás por qué debía estar en este libro.

El top del 1 % para una cena

Quiero presentarte a otros amigos para que nutras tu círculo de influencias. En una ocasión, me preguntaron a quién invitaría a cenar y qué le preguntaría. Respondo con un doble propósito: decirte por qué los escogí y, obvio, para que los sigas estudiando.

Jesucristo

A Jesús le preguntaría por la gracia del perdón. Se me dificulta aquello de "poner tu otra mejilla, si una ha sido golpeada". También indagaría lo que sintió y pensó en el calvario, camino a su crucifixión. Pero, ante todo, le daría las gracias por ser quien fue, y trascendiendo cualquier concepto religioso.

Sor Juana Inés de la Cruz

A Juana Inés, la mexicana, le indagaría su prosa y sentimientos. ¿Qué hacía, además de leer, para escribir como escribió? Trescientos años después y aún me deleito con sus líneas; me embriaga su corazón vertido en palabras, me conmueven su agonía y frustraciones. Mucho genio para tanta convención; mucha energía para tanto prejuicio; mucho mundo interior para un siglo con tan rígidas costumbres. Su cárcel, vestida de convento, la siento como si fuera mía. Cómo habría querido verte en este momento Juana: desafiante, insurrecta, distinta, culta.

San Francisco de Asís

Con san Francisco, me ocurrió algo extraño preparando El día que Dios entró al banco: agotó mi sorpresa. Vida increíble la suya. A la cena lo traigo por su propio mérito; por converso, lo que roza la hazaña; pero, sobre todo, por mantenerse así: otra persona. Muchos cambian, pocos se mantienen. Un "gigoló" medieval que muta a santo. Vaya milagro. Cuánta presencia del espíritu. ¿Cómo hiciste eso Francisco? Tú, hijo de la fiesta, mujeriego y pecador.

Ayn Rand

Estoy seguro de que ya suponías que la iba a invitar. Le preguntaría por la frase del científico boliviano Ricardo Castañón: "Un ateo es un ignorante de la dimensión espiritual". Rand era atea, entre muchas otras cosas. Una mente brillante que destaqué en *Manual para irreverentes*, mi anterior libro. A ella le pediría que se sentara a la mesa al lado de Borges, y 24 horas después, aún los encontraríamos hablando. Mucha cultura y sabiduría juntas.

Jorge Luis Borges

Todo un referente de vida para mí. He elogiado públicamente su irreverencia. A Borges, como se le conocía, solo le daría las gracias por ayudarme a preservar, *creo* (palabra suya), el amor por los libros y ser más concreto, llano, al escribir. Le diría que mi libro número 10 estaba concebido para ser de quinientas páginas; tras leerlo a él, ese libro apenas rozó las doscientas. Como ves, Jorge Luis, no cometí ese "desvarío laborioso y empobrecedor de escribir libros tan extensos, que se pueden contar brevemente". Te hice caso. Sin duda, indagaría su fortaleza mental para no claudicar cuando la ceguera llegó, cuando la noche llegó, como solía decirlo. Muchos se echan a morir, pero él prefirió leer más, "siguió jugando a no ser ciego", aprender anglosajón e islandés, a sus 56 años, sin poder ver nada, en 1955. ¿Cómo hiciste eso? Sin creer en Dios, pues agnóstico eras. Eso le preguntaría.

Viktor Frankl

A Frankl me le quitaría el sombrero a manera de venia. Necesitaría varias cenas para hablar con él, no una sola. Sobrevivir en un campo de concentración nazi como lo hizo fue una epopeya. Y no se quedó ahí: se apalancó de esa experiencia para hacernos entender que la mente lo puede todo. Que nadie ha de despojarnos de una actitud imbatible y de un vislumbre por un mejor futuro. Le preguntaría: ¿por qué cree que su libro *El hombre en busca de sentido* no tuvo el éxito inicial que se le auguraba y solo mucho tiempo después se convirtió en una de las publicaciones más exitosas del siglo xx?

5. ARTILLERÍA CAPITALISTA

El verbo mantener tiene múltiples usos: algunos se mantienen creciendo, otros se mantienen igual y a muchos les encanta que los mantengan.

Inspiración en momentos difíciles

Inglaterra soportó entre 1940 y 1941 una auténtica tempestad de acero y fuego por parte de la flota aérea alemana, la poderosa y siniestra Luftwaffe. Concretamente, 57 noches consecutivas, léase de nuevo la cifra, tuvieron que padecer los ingleses el vivo rostro de lo que llamamos infierno. Ante los inclementes bombardeos del régimen nazi, Winston Churchill, primer ministro en ese momento, llegó a decir: "Lo que ha conseguido ese hombre perverso [como llamaba a Hitler] es encender un fuego en los corazones británicos, aquí y en todo el mundo, que resplandecerá mucho tiempo después de que todas las huellas del gran incendio que él ha causado en Londres se hayan eliminado". Creo haber leído bastante sobre Churchill, del que me ocupé en *Manual para irreverentes*, y nada que haya reafirmado más su condición de excepcional como las palabras que en su diario consagró Joseph Goebbels, ministro de propaganda del régimen nazi, el 9 de mayo de 1941, tras las embestidas de la flota aérea alemana:

> La voluntad de Inglaterra de resistir sigue intacta. Por tanto, debemos seguir atacando y socavando su posición de fuerza. Este hombre [Churchill] es una extraña combinación de heroísmo y astucia. Si hubiera llegado al poder en 1933, nosotros no estaríamos donde estamos hoy. Y creo que nos causará algunos problemas más todavía.

El resto es historia.

Los comienzos del 1 %, esos mismos que parten de CERO y terminan siendo RICOS, sea cual fuere la definición que das de la palabra *riqueza*, no suelen ser fáciles. Ayn Rand vio cómo la Revolución bolchevique arruinó a su familia: debió ejercer como vendedora, mesera y trabajadora rasa en una tienda por departamentos para ganarse la vida, tras su llegada a los Estados Unidos, y como si fuera poco, su libro *The Fountainhead* (*El manantial*) fue rechazado en doce ocasiones por distintas editoriales. Aun así, se convirtió en una de las filósofas más importantes del siglo XX y en una de las escritoras que más libros ha vendido en la historia. Evocar momentos así, como los de los ingleses y los judíos, nos han de servir para ver pequeñas nuestras dificultades.

Al igual que ellos, Viktor Frankl no sobrevivió a un campo de concentración nazi y Santiago Zapata no escribió durante dos años un libro con tan solo el 5 % de sus capacidades físicas para quedar en el olvido. Lo hicieron para inspirarnos y seguir adelante. Lo hicieron para trascender y dejar huella. Lo hicieron para que entendiéramos que la tenacidad y el sufrimiento nos aquilatan y hacen mejores. Lo hicieron para darle sentido a nuestra existencia y para que el espejo en el que nos miramos refleje la nimiedad de nuestras adversidades. Lo hicieron siendo tan humanos como tú y como yo. Y quién lo creyera: hasta el 1 % puede tener los problemas cotidianos que afligen al 99 %. A medida que la Segunda Guerra Mundial avanzaba y las demandas que se le hacían se intensificaban, Churchill se enfrentó a un problema personal que muchos desconocen y que le persiguió durante gran parte de su vida: la falta de dinero. Según lo cuenta Erik Larson en su libro *Esplendor y vileza*, Churchill escribía libros y artículos para complementar sus ingresos oficiales. Hasta su designación como primer ministro había escrito columnas y hecho alocuciones para la radio y así ganar dinero. Pero nunca le había llegado y ahora se aproximaba a una crisis financiera, incapaz de pagar todos sus impuestos y facturas cotidianas, entre ellas, las de sus sastres, su proveedor de vino y la del taller que le reparó el reloj. Peor aún: debía a su banco, Lloyds Bank, un montón de dinero. Su extracto bancario del martes 18 de junio de 1940 mostraba un sobregiro superior a las 5000 libras esterlinas. Debía realizar un pago de intereses sobre esa deuda a finales de mes, y no tenía ni siquiera para eso. Debió ser auxiliado, entre otros, por uno de los fundadores de la revista *The Economist*, para superar el impase. Cuando pareciera no haber mañana, el 1 % se las ingenia para extraer de sus entrañas el último rastro de fuego que reste. Y la Providencia ayuda.

Y un sobregiro es poca cosa frente a una depresión como la que vivió Rand por largo tiempo o la que experimentara otro gran referente del 1 % que nos ocupa: J. P. Morgan, el más poderoso banquero de finales del siglo XIX y comienzos del siglo XX. Si evocas la fisonomía de ese hombre: imponente, intimidante, seguro y demoledor, escaso crédito le podrías dar a que se le asocie con la palabra *depresión*. Morgan ayudó a organizar un gigante sistema ferroviario y de fideicomisos corporativos, presidió una transferencia masiva de riqueza de Europa hacia los Estados Unidos, y cuando este país no tenía un banco central, actuó como centinela de su mercado de capitales y prestamista de última instancia. En el proceso, ayudó a transformar una sociedad mayoritariamente agrícola en un estado industrial moderno.

Es sorprendente que hiciera todo eso en medio de una batalla contra la depresión que se le asomó durante toda su vida. "Se sentía bajo de energía, sin valor, paralizado, completamente desgastado y poco dispuesto a cualquier cosa. En más de una ocasión concluyó que lo mejor sería renunciar a su trabajo: No me siento bien para hacer mucho más", lo relataría su biógrafo Jean Strouse en el libro *Morgan: American Financier*. ¿Cómo fue posible congeniar dos mundos tan dispares? Resulta intrigante en el caso de este banquero. ¿Cómo hacer lo que hizo en medio de la vorágine interna que lo sacudía? Atisbos de respuestas habrá muchos, pero, sin duda, y es solo mi interpretación personal, la sólida educación paterna allanó el camino para no sucumbir y ser leyenda. Su padre, Junius, vio la niñez de su hijo no como el tiempo de juegos y exploración sino como el de entrenamiento para ser un hombre de negocios en la edad adulta. Algunas de las lecciones morales con las cuales encauzó la vida de su hijo apuntaban a una conducta especial, que hacía énfasis en la prudencia, la honradez y el ahorro, virtudes que reunidas se llaman carácter. Esta crianza sí que tuvo eco y respuesta. Fue tal la mesura de Morgan que a los 43 años y siendo ya millonario aún tenía una casa alquilada. Los hombres poderosos suelen estar tan preocupados con sus propios temas que poca atención les prestan a los de sus hijos. No fue el caso del padre de Morgan. Desde el comienzo le enseñó a su hijo acerca de los negocios, con su trabajo diario, monitoreando sus hábitos de lectura e impartiéndole datos sobre la historia y la cultura europea, ordenándole que aprendiese otros idiomas y teniendo una presencia casi militar en la observación de su carácter. Junios escogería no solo a los profesores, empleados y socios de su hijo, sino, incluso, a su primera esposa. Desde Londres, le dictaba los términos de los acuerdos a celebrarse en Nueva York y lo llamaba ante cualquier mínima infracción o errores de juicio. En otras palabras, Morgan sí que tuvo un papá presente.

Hay una fantástica anécdota alrededor de Morgan que confirma la percepción de que los seres púrpuras o extraordinarios terminan por juntarse, y de la que también fue partícipe su padre. Desarrollar el sistema eléctrico requería grandes sumas de dinero y Thomas Alva Edison autorizó a sus abogados para organizar la financiación del proyecto. Edison, quien por ese entonces tenía 31 años, era un inventor autodidacta y tan obsesivo con su trabajo que rara vez se preocupaba por su apariencia física, cambiar su abrigo o ir a casa a dormir. Inicialmente, no parecería ser la clase de hombre con quien Morgan haría negocios, ya que este prefería esperar a que un proyecto estuviese establecido antes de aventurarse en él. De hecho, Junius no veía con buenos ojos que su hijo financiara la idea de Edison. Pero Morgan se la jugó, pese a que la opinión y buen consejo paterno fueron siempre importantes para él. El éxito de financiar el proyecto le daría la razón al hijo.

Aquí radica, entonces, la grandeza del ser destinado a superarse y dejar huella. No escapará de difíciles momentos financieros, emocionales o físicos, como los de Churchill, Morgan y el joven Santiago, pero su destino es superior a aquellos.

Desigualdades

Te dije al comienzo de este libro que volvería sobre la desigualdad. Y que iría a la yugular. El principio de la distribución desigual, que cito del libro *12 reglas para vivir*, de Jordan B. Peterson, nos sirve de abrebocas para un tema crucial como ese:

> Cuando una langosta derrotada recupera la moral y se atreve a volver a pelear, sus probabilidades de perder son mayores de lo que cabría esperar teniendo en cuenta su historial de batallas acumuladas. Por el contrario, la que obtuvo la victoria tiene más probabilidades de ganar. En el mundo de las langostas se juega al doble o nada a favor del ganador, al igual que en las sociedades humanas, donde el 1 % más rico cuenta con las mismas riquezas que el 50 % de más abajo, y las ochenta y cinco personas más ricas tienen lo mismo que los 3500 millones de seres que ocupan la parte inferior. Ese mismo principio brutal de distribución desigual se produce fuera del ámbito financiero.

Así, por ejemplo, la mayor parte de los artículos científicos los publica un grupo muy reducido de investigadores. Tan solo una minúscula proporción de músicos produce la práctica totalidad de la música comercial que llega a grabarse. Apenas un puñado de autores venden todos sus libros. En los Estados Unidos, por ejemplo, se venden anualmente hasta 1,5 millones de títulos distintos, pero solo 500 de esos libros superan las 100 000 copias. Del mismo modo, solo cuatro compositores clásicos (Bach, Beethoven, Mozart y Tchaikovsky) escribieron casi toda la música que hoy tocan las orquestas modernas. Por su parte, Bach fue tan prolífico que harían falta décadas de trabajo tan solo para copiar a mano todas sus partituras, si bien solo una pequeña porción de tan prodigiosa producción se interpreta habitualmente. Así pues, una pequeña parte de la música compuesta por una pequeña parte de todos los compositores clásicos de toda la historia viene a constituir la práctica de la música clásica que el mundo conoce y aprecia.

El polímata italiano Vilfredo Pareto (1848-1923) advirtió la aplicabilidad de esto a la distribución de la riqueza a principios del siglo xx. Se aplica también a la población de ciudades (unos pocos la acaparan) y la frecuencia de palabras de una lengua (el 90 % de la comunicación se produce utilizando solo 500 palabras), entre muchas otras cosas. También se lo conoce, en ocasiones, como "el principio de Mateo" (Mt 25, 29), en alusión a la máxima de Jesucristo: "Porque al que tiene se le dará y le sobrará, pero al que no tiene se le quitará hasta lo que tiene".

Y hay más evidencias. Bill Gates afirmó que su plan para crear a Microsoft lo presentó a 1200 personas. De ellas, 900 se mostraron reacias y las 300 restantes mostraron algún interés. De esas 300, solo 85 hicieron algo, 35 estuvieron seriamente comprometidas y solo 11 lo hicieron billonario. Ahora divide 11 entre 1200. Cerca del 1 %, ¿verdad? No te sorprendas con el resultado. Ese 1 % lo verás muchas veces en la vida. ¿Te parecería justo que las personas que creyeron en el proyecto de Gates, ganaron dinero y lo hicieron billonario deban ahora compartirlo con quienes dudaron o rechazaron la idea? No lo creo. El 1 % no lo repartirá, ni debería obligársele.

Plutarco, historiador, escritor, filósofo y moralista griego, afirmaba que no le parecía que hubiese tanta distancia entre un animal y otro como la que existía entre ciertos hombres. ¿Te suena? En esencia, se refería a la capacidad del alma y a las cualidades internas que podían encontrarse. Michel de Montaigne fue más allá:

> A decir verdad, me parece que es tan largo el trecho que separa a una persona de otra que de buena gana iría más allá de Plutarco, y diría que hay más distancia de un hombre a otro que de un hombre a tal animal. Qué superior puede ser un hombre a otro.

Quizá, el 1 % se preocupe por cómo ayudarles a las personas, pero no tiene que hacerlo. "¿Qué más puedo aportarles?", es una pregunta que me hago a diario e invito a formularte. Lo hago porque me nace y puesto que considero que vinimos a servir. El 99 % espera a que le ayuden y que le aporten. Mientras que el 1 % busca dar, el 99 % pretende recibir. Curioso resulta que el 1 % gane lo que el 99 % reclama. Espero que hayas advertido la ironía en la palabra *curioso*, pues de raro nada tiene. Siempre busca cómo ayudar a más personas. Siempre busca cómo servir desde lo que haces, conoces y has vivido a más seres humanos. Ese es el mejor 1 %. Y no subestimes absolutamente nada. Lo que para ti puede parecer trivial o poco digno de compartirse será el salvavidas que reclaman muchos. Un verdadero empujón. Lo fácil es guardarse todo y no hacer esfuerzo alguno. Lo extraordinario, lo del 1 %, es bucear dentro de sí mismos y encontrar aquello rescatable que inspire e ilumine a millo-nes. Esa actitud se puede llamar generosidad, y sí que lo es. Prefiero llamarla milla extra. Una instancia que solo el 1 % recorre. Ese 1 % que sabe que así crea haber hecho mucho intuye que todo aún está por hacerse. Ese 1 % que entiende que el servicio nos hace más grandes y, a la vez, más felices. Ese 1 % que tiene espacio en su corazón para comprender que solo cuando más damos más recibimos.

Siempre estoy pensando en qué más puedo derramar en un libro o plasmar en un video que le sea de utilidad a las personas. Cuando más hacen lo mismo, siempre habrá esperanza, puesto que, si todos damos, las carencias de quienes más necesitan se atenuarán.

Pregúntate ya "¿En qué más puedo ayudar?", "¿Qué puedo hacer que aún no haya hecho?", "¿Cómo llegarles a más seres humanos con lo que he vivido?".

No obstante, hay quienes no se dejan ayudar: les mues-tras posibilidades, referentes que a partir de cero progresa-ron, les presentas videos gratuitos (cómo progresar si solo ganas un salario mínimo, cómo beneficiarte con los ban-cos, cómo empezar un negocio sin tener capital) y no les basta. Siempre piden más, siempre dudan, siempre procras-tinan o piensan que los van a engañar. Y ya me convencí de lo siguiente: la abeja lleva siglos mostrándole a la mosca las bondades de la miel, lo buena que es la miel, lo dulce que es la miel, aun así, la mosca sigue obsesionada en seguir comiendo mierda. Y eso pasa con muchos seres humanos. ¿Hasta cuándo?

"Juan Diego, pero a mí no me dan oportunidades como las que hablas". ¿Y por qué no te las das? Desde mi punto de vista, hay que cambiar el chip, de receptores de oportunidades a generadores de oportunidades. Usualmente pensamos que, para dar oportunidades de trabajo, de emprendimiento y de negocios, tenemos que tener dinero. Hay muchos con dinero que no dan oportunidades, ni son solidarios, ni les interesa serlo. Desde que empecé a estudiar economía me ha llamado la atención la pobre distribución del ingreso en el mundo: unos tienen mucho y otros muy poco, casi nada. No soy optimista frente a una mejoría en ese particular, de hecho, en las últimas décadas, los más ricos más riqueza han acumulado, mientras que los que menos tienen son cada día más pobres. Tienes frente a esa realidad dos opciones: o te quejas por esa injusticia o, consciente de esa realidad, decides no esperar a que con los impuestos de otros te hagan más fácil la vida; no esperar a que con la plata de otros te brinden subsidios y aligeren tu carga financiera. Crea oportunidades. Tienes talentos, habilidades, problemas superados, ambición, tiempo, salud, una familia por sacar adelante. Muéstrale eso al mundo, alza tu voz, llega a más personas que necesitan lo que tienes y sabes. Estás lleno de recursos y ya lo conoces.

Te voy a contar lo que ha pasado a partir del ejemplo de un país representativo de riqueza como Alemania. El 1 % de los alemanes gana cerca del 35 % de la riqueza de su país, y en una encuesta que tuve oportunidad de conocer en el canal DW, se advertía que las personas más ricas no estaban dispuestas mayoritariamente a renunciar a más dinero para que los pobres ganaran más. "¿Por qué traes a colación estos ejemplos?", me preguntarás. Primero, para que no te hagas ilusiones con una mejor distribución del ingreso en los próximos años, y no importa cuándo leas este libro. Segundo, quiero precisar que la solidaridad sí que es un término bien relativo y engañoso como para depender de él.

Tu éxito no puede quedar a merced del buen corazón de otros, ser consecuencia de los subsidios de otros, depender de las migajas que reparta una sociedad para ti, sino que debe obedecer solo a tu trabajo, a tu razón y a tu propósito. Y, para ello, debes cambiar el chip sin esperar a que te den oportunidades, tú mismo las debes construir.

El hombre promedio no tiene la fuerza para hacer lo correcto, al precio que sea, contra todos los hombres. Solamente el genio puede hacer eso. En lo que yo estoy interesada es en lo grande y lo excepcional de los hombres. El genio clarifica el camino para el hombre promedio.

Anotaba Rand en 1946. Y fue ella quien con mayor crudeza analizó el peligro de sustituir la palabra *yo* (la más importante) por la palabra *nosotros* (tan manipulada por los comunistas).

El gran mérito que tiene su obra, *La rebelión de Atlas*, en palabras de Orlando Figes, historiador británico, es que destruye por completo la proposición marxista: "de cada uno de acuerdo con sus habilidades para cada uno de acuerdo con sus necesidades". "Pero, por Dios, ¿qué exabrupto de mantra es ese?", me pregunto.

¿Es decir que, según los comunistas, quien tiene talento y habilidad deberá quedar subordinado al que tiene la necesidad, mas no la habilidad y el talento? ¿Me están queriendo decir que la grandeza y los sueños de un hombre quedarán subordinados al parásito, conformista o perezoso que ni esfuerzo alguno hizo? Vaya estupidez. "La compasión con el culpable es una traición al inocente".

Y es que, constantemente, las masas se quejan de que no reciben lo que merecen y que la vida les trata injustamente. Cada quien tiene lo que se merece, en la mayor parte de los casos. Si no lo crees, es bueno que esas masas se pregunten por lo que les ha faltado, por lo que otros hacen y ellas no. Hay mucho de emoción y poco de razón en las observaciones que se hacen sobre el mérito. Que tal persona merece esto y que otra merece aquello es subjetivo. La realidad es atroz. Sí que lo es. Pero la cabeza tiene las razones que el corazón debe aprender a conocer.

Diría Rockefeller:

El dinero que se les da sin esfuerzo a las personas es muchas veces una maldición en lugar de una ayuda. Solo en situaciones excepcionales una persona que recibe dinero de forma caritativa saldrá beneficiada. Pero si enseñamos a la gente a ayudarse a sí mismos, regaremos una bendición duradera sobre el mundo [...] Todos quisiéramos que la prosperidad estuviera distribuida de forma ecuánime. Y se han sugerido planes para llevar esto a cabo, pero temo que todos ellos ignoran hechos esenciales de la naturaleza humana. Yo creo que la principal causa de las diferencias económicas entre las personas es su diferencia en personalidad. Considero que es mediante una distribución de herramientas adecuadas que promuevan el desarrollo de los elementos de la personalidad fuerte entre la gente que podremos obtener una más ecuánime distribución de la riqueza.

Hasta el presente día, en toda la historia del mundo, no se ha logrado diseñar un sistema que produzca más beneficios para la sociedad que el capitalismo, esto es, la libertad de cada individuo de poseer capital, invertirlo y multiplicarlo como mejor le plazca.

El socialismo no ha garantizado ser beneficioso para el individuo, sino, muy por el contrario, lo despoja de sus libertades básicas, elimina la meritocracia y lo iguala con todos los demás. Y es que resulta justo que muchos ganen poco, por cruel que parezca. Hay quienes no tienen con qué llegar a fin de mes. Aun así, en su lugar de trabajo, y pudiendo escuchar audiolibros gratuitos todo el día, prefieren oír reguetón (y nada tengo contra ese género musical; si quieres pon cualquier otro en este ejemplo). Cuando les preguntas: "¿Cómo es posible que hagas eso si en tu familia necesitan tu progreso?", te dicen algo así como: "Y a usted qué le importa, no sea metido". Lo cierto es que sí nos importa. ¿Sabes por qué? Porque esa pobreza te la cobran a ti, que sí escuchas los audiolibros, te esfuerzas y usas mejor el tiempo. El nombre de dicho cobro se llama IMPUESTOS. ¿Te suena?

Más CAPITALISMO

El progreso no puede ser obtenido obligando a la gente a que se prive de lo que quiere. El progreso solo puede ser logrado por medio de un superávit individual, esto es, de la energía creativa de esos hombres, cuyas habilidades pueden producir más de lo que su propio consumo requiere, de esos intelectuales y financistas capaces de buscar lo nuevo, de mejorar lo conocido, de ir hacia delante. Así se expresaba Rand en *Capitalism: The Unknown Ideal*.

En una sociedad capitalista, donde esos hombres son libres para obrar y tomar sus propios riesgos, el progreso no es una cuestión de sacrificio para algo distante en el futuro, sino que es parte del presente que se vive, es lo normal y natural, es algo logrado mientras el hombre vive y disfruta de su vida.

La abundancia no fue creada por un sacrificio público hacia el bien común, sino por el genio productivo de hombres libres que persiguieron sus propios intereses e hicieron sus propias fortunas. Ellos no se murieron de hambre para pagar por la industrialización. Ellos le brindaron a la gente mejores trabajos, salarios más altos y bienes más baratos con cada nueva máquina que inventaron, con cada descubrimiento científico o avance tecnológico, y de esta forma el país fue yendo hacia delante, siendo más rico, no sufriendo, a cada paso del camino.

Mientras el altruismo, al que me he venido refiriendo en pasados libros, busca desligar la inteligencia de la recompensa, sosteniendo que el deber moral de la persona competente es servir al incompetente y sacrificarse por la necesidad de los demás, la premisa tribal va, incluso, más adelante: niega la existencia de la inteligencia y su rol en la producción de riqueza. Quien hace su fortuna en un mercado libre, esto es, sin el uso de la fuerza y sin la intervención o asistencia oficial, crea nuevas riquezas, no las toma del que no las ha creado. Si lo pones en duda observa el estándar de vida de los países que no permiten a esa clase de hombres existir. Son ese tipo de sociedades comunistas, que odian el capitalismo, las que están repitiendo que la pobreza alimenta la guerra. Pero la pregunta es la siguiente: ¿qué alimenta la pobreza? Si miramos la historia, encontraremos la respuesta. El grado de libertad de un país es el grado de su prosperidad. A mayor libertad mayor abundancia. No es más capitalismo, sino más colectivismo, lo que hace crecer la pobreza.

Si muchos trabajadores luchan por salarios más altos, esto es visto como justo, una ganancia social; pero, si el empresario lucha por mayores utilidades, ya es visto como egoísmo y codicia. Si el estándar de vida de los trabajadores es bajo, se culpa al hombre de negocios; pero si este trata de mejorar la eficiencia de lo que hace y expandir sus mercados para producir más ganancias, pagar mejor y bajar los precios, ya se le llama mercantilista.

Así, estos pequeños grupos, el 1 %, serán el chivo expiatorio que utilizan las dictaduras. Los culparán de los males de los demás, condenarán su éxito y los pondrán en la picota pública, para que el 99 % les arroje piedras.

La riqueza en un mercado libre es lograda por una voluntaria, general y democrática elección, por las ventas y compras de cada individuo que toma parte en la vida económica de un país. Cuando compras un producto en vez de otro, estás votando por el éxito de un productor. Y a través de este tipo de voto cada persona vota solo en aquellos temas para los cuales está calificado para juzgar: sobre sus propias preferencias, intereses y necesidades. Nadie tiene el poder de decidir por otros o sustituir su juicio. Nadie tiene el poder de proclamarse a sí mismo la voz del pueblo y dejar a la gente sin su propia voz. Nadie puede reclamar, moralmente hablando, el derecho a competir en un mercado dado si no puede estar a la par en materia de eficiencia con aquellos con los que pretende competir. No hay razón alguna por la cual alguien deba comprar un producto de inferior calidad a un precio alto solo para mantener compañías menos eficientes en el mercado.

Continúa diciendo Rand: "Bajo el capitalismo, cualquier hombre o empresa que pueda sobrepasar a sus competidores es libre de hacerlo. Es de esta forma que el mercado libre premia la habilidad y el trabajo para beneficio de los demás, excepto esos que buscan lo que no se merece".

La próxima vez que te niegues a comprar algo que no puedas comprar o algún pequeño lujo que te provea placer, pregúntate qué tanta parte de tu dinero ha ido a aquellos parásitos que no se han esforzado ni la mitad de lo que lo has hecho.

El altruismo no es una doctrina de amor, sino de odio al hombre. Los socialistas no pregonan sacrificios temporales para un fin deseable. No. El sacrificio es el fin. El sacrificio como una forma de vida… El capitalismo está basado en los derechos individuales, no en el sacrificio del individuo para un bien común.

El capitalismo y el altruismo son incompatibles. Es uno u otro. Cualquier reclamo de derecho de un hombre, que necesite la violación del derecho de otro, no puede ser un derecho. Es la independencia del hombre, su éxito, prosperidad y felicidad lo que desean destruir los socialistas.

Solo hay un poder que determina el curso de la historia, tal y como determina el curso de la vida de cada cual: el poder de la facultad racional del hombre, el poder de las ideas. Si conoces las convicciones de un hombre, puedes predecir sus acciones. Si entiendes la filosofía dominante de una sociedad, puedes predecir su destino. Y tanto las convicciones como la filosofía son temas abiertos a la elección de ese hombre.

El capitalismo es el único sistema en la historia en el que la riqueza no fue adquirida saqueando, sino produciendo, no por la fuerza, sino por el comercio. El único sistema que defendió el derecho del hombre a tener su propio pensamiento, su propio trabajo, su propia vida, su propia felicidad, tenerse a sí mismo.

Me conmueve leer a Rand. He devorado varios de sus libros. Su claridad y juicio abruman. Su determinación remueve consciencias y desafía ideales obtusos, manipulados por unos pocos. El capitalismo no es perfecto, claro que tiene fallas, ¿cuál sistema no las tiene? Pero deja libre al hombre, compitiendo, innovando, soñando y con su fe puesta en un futuro mejor. Recuerda las palabras del gran Churchill: "El capitalismo puede fallar en repartir la riqueza; pero el comunismo siempre acierta en repartir la miseria". "Pon a los comunistas a administrar el desierto del Sahara, y en poco tiempo habrá escasez de arena".

Los números no mienten

Es difícil encontrar a alguien que pueda encajar en mi 1 % y que sea comunista. Y no quiero ser injusto ni pecar de radical al desconocer la virtud individual que puede albergar un partidario o un dictador de un sistema político como ese. No obstante, los resultados que produce empañan, como la historia lo prueba una u otra vez, cualquier mérito que se les pudiera atribuir.

El dictador comunista, como cualquier dictador, es ególatra, soberbio y brutal. Piensa en él, pero se disfraza de mesías o adalid de los intereses de otros, a lo que llama pueblo. Lo curioso es que ese pueblo nunca escoge el hambre, la falta de libertad y la opresión, a las que el dictador recurre para perpetuarse en el poder y saciar su descomunal apetito.

Es la ignorancia y el mismo desespero de ese pueblo los que sellan su destino, al permitirle al dictador llegar adonde llega, y mantenerse. Bastan solo un par de flores para avalarlo. En 1924, y tras siete años de la Revolución bolchevique liderada por Vladimir Lenin, en Rusia, 5000 millones de rublos compraban lo que solo uno permitía hacerlo en 1914. La hambruna y la miseria reinaban. Ni qué decir de la miserable "revolución socialista" de Hugo Chávez y Nicolás Maduro en Venezuela. ¡Le quitaron 14 ceros al bolívar en trece años! ¿Sabes qué significa eso? Que su perversa gestión económica dejó a la moneda sirviendo para nada, excepto para hacer las veces de papel higiénico. Aquí y allá, con dictadores como esos, y como Mao en China, Fidel Castro en Cuba y Daniel Ortega en Nicaragua, entre muchos otros, la pobreza y la opresión son la constante. ¿Cómo poner a alguien así en el 1 % por más resiliencia y liderazgo que exhiban?

La discusión con un COMUNISTA es muy simple. ¿Eres libre? ¿Eres RICO? ¿Tienes tu propio negocio? ¿Tu familia vive como quieres? Fin de la historia.

6. GATILLOS MENTALES

Imagínate que estás en el medio del mar. Plácidamente contemplas la luna en una tranquila noche. De repente, un brutal rayo te estremece. Una reacción natural ante algo súbito. Cambia ahora la palabra rayo por cualquier otro fenómeno que provoque en ti una reacción. Vamos a llamarlo "un gatillo mental". Esto es, algo que pasa en ti, que se activa, sin que lo controles, y como respuesta a un hecho. Ese hecho se disfraza de varias formas: un ruido, una provocación, un olor, una palabra, una imagen. No lo puedes controlar. Solo eres reacción en ese instante. Los gatillos mentales tienen por fin captar la atención e invitar a la acción: que compren tu producto.

¿Sabes quiénes conocen muy bien esa reacción? Los psicólogos, los políticos, los publicistas y, por supuesto, los vendedores, quienes te conocen mejor de lo que tú mismo. Saben de tus miedos, frustraciones, necesidades y deseos. Son expertos con el cuchillo: cortan, observan y no se detienen, van hasta las mismas entrañas, solo para ver qué tanta sangre brota. Y ahí ya la venta estará consumada.

Los vendedores conocen cómo empacar el mensaje para cautivarte, qué reacciones, y casi implorando que te vendan, terminas comprando. Esa es la cruda realidad, ante la cual puedes quejarte, sin que logres cambiar el resultado. Está en ti y en mí, puesto que somos humanos. Una respuesta emocional ante un estímulo. Si haces parte del 1 %, debes conocer cómo funcionan los gatillos mentales y usarlos a tu favor. Y estoy aquí para ayudarte. Es más, me he beneficiado de su conocimiento hasta el punto de que las ventas se han disparado en épocas recientes merced a su uso. ¿Malo? Por supuesto que no. Estoy vendiendo algo de gran valor, que beneficia a las personas y de lo que me siento orgulloso. Ni tú ni yo venderemos algo que cause daño.

Si dejas de vender un producto útil, de calidad y con una genuina intención, pudiéndolo vender, sí que haces algo malo. Venderemos lo que haga mejor la vida de las personas. Razón suficiente para que estemos felices y tranquilos.

A todos nos ha pasado algo: compramos cosas que no necesitamos. Mirando hacia atrás, nos preguntamos ¿por qué lo hicimos? No tenemos clara la respuesta siempre. Quien sí la tiene fue quien nos vendió. Nos conoce mejor que nuestra sombra. Por eso, si no sabes vender, estás liquidado, financieramente hablando.

Vengo sustentando desde *Hábitos de ricos* que todos somos vendedores y que, cuanto más rápido seamos conscientes de esa realidad, tanto mejor. Te vendes cuando hablas. Te vendes cuando caminas. Te vendes con lo que dices e, incluso, con tu silencio. Vendes cuando vendes y vendes cuando ni siquiera crees que tienes un producto para vender. Eres el producto. Que no produzcas un dólar con él no te exime de ser vendedor. Solo de ser uno bueno, por ahora. ¿Has oído hablar del tema marca personal? Muchos invierten tiempo y dinero en el desarrollo de su propia marca. La rentabilidad de los expertos en el tema raya en lo insólito. Cristiano Ronaldo es un ejemplo. Y los hay en muchos otros asuntos. Quiero que estés consciente de que eres una marca, así que frótate las manos que te hablaré de uno de los más cruciales temas para mover tu registradora: los más importantes gatillos mentales que existen para que te compren mucho más.

Anticipación

La anticipación es uno de los gatillos mentales más poderosos. Se produce cuando se abre un círculo o se cuenta una historia, y no concluye, al menos de inmediato. Frente a esa historia inconclusa, el cerebro se queda divagando, hasta que la cierra. Un ejemplo muy común es el final de un capítulo de una serie. Quieres ver lo que sigue. A propósito de historias, te contaré una muy corta: en Cero Imposibles, nuestro evento de programación neurolingüística (PNL), desarrollamos una actividad con alto componente emocional en la que parto por hablarle al oído a cada una de las personas. Al decirles que van a vivir a continuación algo muy especial, siento que la respiración se les acelera. Esto no debería sorprender. La expectativa siempre supera el hallazgo, lo que en buena letra equivaldría a decir que el camino resulta más fascinante que la meta. Cuanto más retraso el momento especial que van a vivir, mayor la agitación interna de cada asistente. No es fortuito que haya conciertos y presentaciones en los que el cantante o expositor retrase a propósito su aparición. La puesta en escena tras varios minutos de espera acelera la vorágine que vive cada espectador. Si una presentación se prevé para las 8:00 p. m. y por la impaciencia de su protagonista empieza 15 minutos antes, se habrá cometido un terrible error. La carne no estará lista y en tal virtud se comerá cruda.

Así como la novia hace esperar al novio en la puerta de la iglesia el día de su matrimonio, lo que estimula su ansiedad, así podrías actuar cuando prometas algo. No lo entregues todo de inmediato. Aumenta la tensión y sacude emociones. Deja que la imaginación vuele y haga lo suyo. El gran mago y escapista Harry Houdini, del club del 1 %, lo practicaba en sus actos. Lo que en condiciones normales pudiera hacerse en una hora él lo hacía en tres. La expectativa y el misterio eran parte de su show.

La anticipación no es otra cosa que decirle a alguien lo que va a sentir con lo que viene. Recuérdalo: no es contarle todo lo que viene, es dejar esperando. Que haya espacio para que tu interlocutor recree escenarios en su mente, tal y como se practica en una conquista. Si somos demasiado obvios y predecibles, la oportunidad se escapará. Si encarnamos el misterio, la atraeremos. ¿Me has escuchado la frase "frótate las manos que viene algo bueno"? Cuando la pronuncio, los asistentes saben que no será normal lo que se aproxima, sino que será algo especial, de más valor y que los hará mejores. Una mayor concentración y avidez son la respuesta. Con la anticipación, tienes atención: nadie se va cuando le van a dar un regalo, cuando le prometen algo. Depende de ti no defraudar y estar a la altura de la expectativa que generes.

Autoridad

Es la percepción que tienen los demás sobre ti. La autoridad te la brinda tu hoja de vida, lo que has hecho, tus logros y trayectoria, así como los testimonios de quienes has impactado y les has generado valor. Nada causa mayor autoridad que los resultados y ser el vivo ejemplo de lo que hablas. Ser la consistencia ambulante. No le creerías a alguien que te hable de libertad financiera si vive debajo de un puente. Ni a alguien que hable de dientes sanos si le faltan varios. Tampoco a quien te hable de comida saludable y la cultura *fitness* pesando trescientos kilos. El ejemplo en el gatillo mental de la autoridad lo es todo. Pones atención y estás concentrado ante quien la represente.

> **Si los resultados son excepcionales, la autoridad se dispara y la reverencia se incrementa. Si eso ocurre, venderás mucho más fácil lo que tengas por vender. Ya recorriste un camino y quien desee recorrerlo pagará.**

La autoridad no se compra en la esquina, también se consigue según esfuerzos, creatividad y determinación. Ve acumulando testimonios que agiganten tu autoridad. No se consigue de la noche a la mañana. Tampoco se consume en una sola dosis. Se va pariendo, tal y como ocurre en un embarazo. Nueve mujeres no hacen un bebé en un mes. Hay cosas que llevan su tiempo y la autoridad es una de ellas.

Cuando tienes frente a ti a una autoridad en el tema de tu interés, no te desconcentras ni te aburres. Sabes que cada segundo cuenta y el tiempo vuela. De hecho, pareciera que llevaras un minuto escuchando a alguien con autoridad y no dos horas, como en una conferencia, por ejemplo. ¿Sabes por qué las marcas más importantes contratan a personas que tienen autoridad? La respuesta es obvia: su sola presencia vende. Es ahorrar pasos. Lo que se le paga a la figura pública se libra con creces. El reto está claro:

Acumula logros, no desfallezcas jamás, defiende a muerte tu prestigio y ten claro qué hacer con el dinero de la venta, pues ya vendiste, era predecible que lo hicieras. Los demás solo compraron lo que vieron y deseaban para ellos.

Una de las cosas que más les digo a mis seguidores es que reúnan testimonios y que no teman partir de cero. No importa si al principio provienen de familiares o amigos. Cuélgalos en un blog o en tu propio sitio web. Así empecé. Los testimonios brindan credibilidad y prestigio.

Que los testimonios de terceros hablen por ti. Te confieso que al principio me importaban más los testimonios que el mismo dinero. Muchos de quienes me veían en televisión o iban a mis conferencias no tenían cómo pagar los productos que empecé a vender por internet y me limitaba a decirles: "Solo envíame por escrito cómo te pareció mi ayuda. Si en la inversión que te asesoré ganaste dinero o si lo que te dije que hicieras con tu vida funcionó, me habrás pagado con eso".

Cuanto más actualizado e impactante el testimonio que reúnas mejor. Cuando este da fe de que cambiaste una vida, mejoraste un patrimonio, evitaste un suicidio o ayudaste a salir de una depresión, más impactante será el gatillo mental de autoridad. Ni qué decir del testimonio de alguien que se vuelve famoso o que protagoniza una historia de transformación. Tu autoridad se irá a las nubes. "Todos querrán a ese ser que hace milagros". No te sonrojes: eres tú, que sabes que no son milagros, que no se esfuerza por aparentarlos, pero que tampoco es ingenuo como para querer callarlos. Deja que el río suene, síntoma de que piedras lleva. Recuerda: no alardees, pero no escondas nada. El 1 % es un maestro para la autopromoción. Que otros sientan vergüenza, pena o timidez ante las cámaras que apuntan hacia su rostro. Que lo llamen como quieran. Tú, no. La timidez es la hermana menor del miedo y su vínculo es indisoluble. Ninguno da dinero.

Conversación

Es otro de los gatillos mentales que debes conocer para vender más. Cuando empieces una conversación, cambia el filtro de desconocido a conocido. Esto es, acerca a las personas, dales importancia e interactúa con ellas. Los recursos son múltiples para lograrlo hoy día: chats, redes sociales, correos electrónicos, videollamadas, entre otros. Establecer una conversación hace que los demás sientan que ya no eres un extraño y que te importa tanto lo que opinen como lo que necesitan. Estarás sembrando la semilla para una comunidad, lo que aferra a las personas, pues sienten que pertenecen a algo: una causa, un objetivo de vida, una manera de ser, sentir que son importantes y consideradas. La comunidad púrpura es un ejemplo.

Según mi experiencia personal, te sugiero que tengas un equipo de trabajo que te ayude para que este gatillo funcione e interactúes a tiempo. Cuando aumentan los seguidores, sientes que necesitas días de 48 horas. No es fácil estar a la altura de sus expectativas sobre interacción. Igual con los clientes y compradores: siempre quieren más. Y cuanto más les respondes, más te preguntan. Total, no lo puedes hacer solo.

Lo que también es cierto es que cuando te ven más humano y accesible generas más confianza, lo que se traduce en mayores ventas. Confieso que con frecuencia debo vencerme, y que no siempre lo consigo. En ocasiones, no estoy en disposición de interactuar por razones de tiempo o prioridades, ni quiero hacerlo. Es posible que te suceda igual, y es en momentos como ese en los que el equipo te respalda. Como lo dijera el refrán popular: "El que tenga tienda que la atienda".

Emoción

El que no emociona no vende. La gente compra emocionalmente y justifica su compra racionalmente. La emoción genera conexión, que debes acompañar con un llamado a la acción. Que vivan lo que les emociona, que no se lo pierdan, que vida hay una, que no deben seguir procrastinando. Suficiente. Somos seres emocionales. Si tu historia conmueve, se vende más fácil. Supón que te gustan los autos de lujo. Dices no tener dinero para comprar uno, pero el vendedor astuto sabe que puedes conseguirlo si te emociona. Para tal fin, te dirá cosas como esta: "Si no tienes dinero, no te preocupes. Solo pruébalo, sin compromiso alguno. Te lo mereces".

Terminas accediendo y lo conduces. "No pierdo nada", te dices, y, como por arte de magia, el dinero empieza a aparecer en tu mente. El auto tiene imán y ya lo quieres hacer parte de tu vida. Por cierto, esa fue la historia de mi primera compra de un auto de lujo. Si no me hubiera emocionado conduciéndolo, es probable que no lo hubiera comprado. Al experimentar la emoción, la probabilidad de compra aumenta. Tu papel como vendedor es apelar a los sentidos, a los deseos y a las necesidades de cada ser. Y la prueba importa bastante. La experiencia es vital. Y a todos nos pasa. Estás en una tienda de perfumes en un aeropuerto. No necesitas nada. Pero existen los *testers*, o probadores, que, entrecomillas, no valen nada. Pero sí valen. Ensayas con uno y hueles a dioses. La vendedora y tu pareja misma te lo confirman: "wow, qué bien te pega".

¿Qué crees que ocurra? La respuesta es simple. La probabilidad de que compres aumentó. No lo necesitabas hasta que la emoción surgió.

¿Recuerdas cuando afirmaba que los resultados en tu vida tienen que ver con lo que provocas en los demás? Pues bien, asegúrate de que tú y tu producto, o tú como producto, emocionen. Las historias, tu actitud y tu energía son vehículos para emocionar. Úsalos.

Escasez

Cuando aumenta la oferta de un bien, disminuye su precio. Este principio esencial de economía facilita mayores ventas. Si la oferta de lo que pretendes vender es ilimitada, no caduca y mantiene las mismas condiciones en el precio durante todo el tiempo, no hay por qué apurarse. Cuando la disponibilidad del bien se reduce, el vencimiento es inminente, y cuanto más rápido pagues, menor el precio, otra es la historia. Percibimos más valor en aquello que es escaso. Si te dan un año para hacer un trabajo, no lo empiezas a hacer hoy. Si tienes dos días para hacerlo, empezarás ya. Cuando sentimos que se acaba un plazo, una cantidad o una condición favorable, como un precio bajo, nos movemos más rápido. El miedo a quedarse por fuera hace que las personas tomen acción, incluso sin necesitar el producto. El movimiento solo es el resultado del gatillo mental de la escasez.

Hubo un estímulo y su consecuente reacción. Si has tenido la oportunidad, por ejemplo, de comprar en eBay, sabrás de lo que te hablo. De lo contrario, te explicaré con un ejemplo muy simple: intentas comprar un producto a un precio determinado, pero no estás seguro. Las dudas desaparecen cuando te dicen que es el último artículo disponible o solo quedan pocos. En ese caso, eBay como vendedor te activó el gatillo de la escasez. De no haber mencionado las palabras clave *último* o *pocos*, no habrías comprado. Tradicionalmente, en Invertir Mejor, hacemos una promoción durante el último mes del año. Es curioso que el 31 de diciembre sea el día de más pagos. El plazo se agota y la urgencia aumenta. Por el contrario, el primer día de ese mes suele haber pocas ventas. "Tengo tiempo", dirá cualquier comprador. A diferencia de esa promoción, suelo apelar al gatillo de la escasez en los *live* de Instagram. Digo cosas como estas: "Tienes hasta las doce de la noche para pagar *x* o *y* producto con el 30 % de descuento". Eso significa que, entre el fin del *live* y esa hora, hay poco tiempo para comprar. Razón por la que el gatillo se activa y las ventas se materializan. Igual hice con uno de mis productos favoritos: la fórmula púrpura de la libertad financiera, que lancé con Hotmart finalizando 2021. Los plazos para pagarlo durante el lanzamiento fueron breves y la oferta del superprecio de US$497 estuvo vigente por pocas horas. El producto fue un éxito en ventas y lo sigue siendo.

Reduce la oferta y valoras el objeto. Si todos los días te veo, no añoraré verte. "Tu indiferencia aumenta mi deseo", diría un verso. Muéstrate siempre disponible y tu precio bajará. Desaparece, piérdete, haz un año sabático y tu ausencia hará que te extrañen, reclamarán tu presencia y la percepción de valor crecerá.

Ya sabes, entonces, lo que hay que hacer: poca cantidad del producto, escaso tiempo para adquirirlo, apelar al "no te puedes quedar sin él", a "este precio estará disponible por pocas horas" o "más vale que te muevas porque hay muchos compradores". Por el contrario, "ilimitado", "disponible" y "siempre igual" dejan quieto el gatillo de la escasez.

Especificidad

Se ha demostrado que ser específico con los datos puede aumentar el éxito en una venta o presentación. Además, si tienes una batería de cifras, estadísticas y hechos concretos a la mano, generas mayor autoridad y confianza, lo que no es poca cosa.

Cuando integras esos datos reales y específicos, tu audiencia llega a la conclusión de que dices la verdad. Siendo específico, generas también credibilidad y resulta más fácil imaginar la historia. Te lo ilustraré con un ejemplo.

El 17 de marzo de 2020, manifesté en las redes sociales que era momento de comprar acciones. Cuatro semanas más tarde, el 14 de abril de 2020, para ser exactos, el índice general de la bolsa de valores (IGBC) había aumentado el 24,73 % y el Dow Jones, en los Estados Unidos, el 20,91 %.

Ahora imagina que no tengo esos datos y que la historia la resumo así: "En pandemia, dije que había que comprar acciones y luego subieron bastante".

Las dos historias puedes o no crearlas. Sin embargo, al tener la primera datos concretos, reviste de una mayor credibilidad. Cada vez que intentes convencer a alguien para venderle un producto o tener impacto en quienes te escuchan, estudia muy bien lo que vas a decir. Cuando la idea es clara, las palabras no faltan. Cuando los números están presentes, siempre podrás echar mano de ellos.

Un comprador ilustrado como el de hoy, que antes de adquirir algo averigua en internet por esa y muchas más opciones, se dará cuenta rápidamente de qué tan informado estás. Cuando te faltan cifras y datos, luces nervioso y genérico. No inspiras ni la credibilidad ni la confianza que se requieren para cerrar una venta. Por favor, no me vengas a decir a estas alturas que tu memoria es mala y que por ello no recuerdas lo que necesitas para ser específico. La memoria es emocional y recordamos lo que nos importa. Si lo que importa es cerrar una venta, apréndete los datos como sea. Y, por favor, no abuses de ellos. Una cosa es ser específico y otra es parecer un directorio telefónico o una calculadora, que se ocupan solo de cifras, pero no conectan ni generan emoción alguna. Total, sé asertivo.

Un vendedor que no para de hablar es tan aburrido como uno que no habla. A ninguno le compras. Bendita sea la idea millonaria 23 que expuse en mi libro *Ideas millonarias*: abrevia. Si lo que tienes que decir lo dices con menos palabras, siendo más específico, yendo al grano y satisfaciendo la necesidad del que te escucha, tanto mejor. A todos nos ha ocurrido que estamos frente a alguien que da vueltas, que pareciera no desatar las palabras y que colma nuestra paciencia. Hay otros que, por el contrario, respetan el activo más valioso que tenemos: el tiempo. Hoy día, con la prisa que vivimos y con tanto por hacer, esto sí que importa.

A muchas personas les digo cuando las veo divagar: "Cuéntame el final", "Qué es lo que quieres decirme" o "Cuál es tu pregunta". La persona entendió el mensaje y te dirá lo que te quiere decir, sin dar más vueltas. Eso es ser concreto. No te inquietes por parecer maleducado. No lo estás siendo. La mayor educación que existe es respetar el tiempo de los demás, de ahí la importancia de ser específico. Si sientes que te falta ser más concreto con tus argumentos, practica. Por ejemplo, pon a tu pareja, a un familiar o a un amigo frente a ti. Tras haber hecho un análisis o leído una página de un libro, les dirás: "Te expondré la idea principal de manera concreta". Al final, les preguntas si quedó claro el mensaje y si fuiste específico. El *feedback* que te den te será muy útil.

Desapego

Nos gusta comprar, no que nos vendan. El desapego es otro valioso gatillo mental. Cuanto más desesperado te muestres por vender, menos venderás. Tu verdadera intención es servir, no vender. Como lo expresaba en *Manual para irreverentes*, vender es la feliz consecuencia de generar confianza en tu interlocutor. Si no te compra, debes dejar claro que no pasará nada. Y, con sutileza, expresar que no necesitas la venta. Estás por encima de una venta, y así lo debes sentir. En el argot del Chavo del 8, es "como sin querer queriendo".

Jamás dejar entrever la necesidad. El que muestra el hambre no come. El ser humano tiene su lado cruel. Observa un partido de fútbol en el que te sea indiferente el ganador. Al final del primer tiempo, el marcador es 5-0. En el segundo, te inclinas a favor de quien va ganando, y si convierte cinco goles más, fantástico. Quieres ver al perdedor en la lona. Sangre en el ruedo. Igual con las ventas. Te fastidian los babosos y desesperados, los que si no venden no tendrán con qué pagar la luz. En cambio, un vendedor exitoso no te necesita, y si le compras, no sentirás que le hiciste el mes. Solo eras uno más. Y él, tras venderte, ni se inmuta. Es éxito ambulante. Tú, u otro, le habrían comprado.

Provoca, insinúa, genera confianza y empatía con el comprador o con tu audiencia, pero jamás te muestres necesitado.

Una mujer quería comprar un combo *trading plus*. Tenía una serie de inquietudes que resolví. Surgieron otras, que también solucioné. Aun así, tenía dudas de si era el producto para ella. Le dije: "No lo compres si tienes dudas, ante todo lo que me interesa es que te sientas segura de lo que hagas. Es un producto para disfrutar, el más exitoso de los que tenemos, y no para sufrir. Que tengas un feliz día". A los pocos minutos me escribió: "Juan Diego, sí lo quiero. Confío en ti". Negocio hecho y consciencia tranquila.

Identificación

Los maestros del lenguaje no verbal sostienen que, cuando te sientas igual que tu interlocutor, cruzando las piernas en la misma dirección que él, por ejemplo, logras cierta identificación. Igual ocurre con las historias. Puede ser una tuya o de otras personas. Lo importante es contar una historia para que la audiencia se sienta identificada. Cuando demuestras que llegaste a tener libertad financiera a partir de condiciones adversas, que reflejan lo mismo que vivió tu interlocutor, ya no te ven distante, sino como un potencial ejemplo a seguir. La persona que está frente a ti piensa: "Eso mismo lo viví yo. Si él pudo, ¿por qué yo no podría?".

Hay muchas formas de disparar el gatillo de la identificación a través de una historia. Déjame te resumo algunas que practico. En la conferencia sobre personalidad arrolladora, construyo al final la historia del arrollador. Empiezo por ponerme en los zapatos de quien me escucha. Le hablo de su quiebra, de la violencia que pudo haber vivido en su infancia, del abandono de su padre, del *bullying* del cual fue objeto en la escuela, de la inseguridad emocional que nació cuando por primera vez le rompieron el corazón, de lo mucho que extraña a ese ser querido que se transformó, a quien quisiera por cierto tener a su lado, para abrazarlo, sentirlo y decirle cuánto lo amaba. Con esto, solo estoy recreando lo que vivieron. Cualquiera de esas vivencias, o algunas de ellas, se pasearon por la mente y el corazón de quien las escuchó. Al decirles que yo también las viví, me percibirán como un par más, esto es, como alguien que pasó por lo que ellos pasaron. Si logro demostrar que, pese a eso, seguí adelante y alcancé a tener éxito, tanto más inspiradora será mi historia. A esa audiencia le hago ver, y sentir, que sin esas dificultades hubiese sido imposible progresar. Que solo nos aquilatamos al fuego, tal y como ocurre con el oro. Y que el 1 % extraordinario entiende que todo lo vivido fue para algo. Que, como lo dijimos, no pasa nada con aquel a quien nada le pasa.

En ese momento, solo espejo lo que mi auditorio experimentó en carne propia. En ese momento, me convierto en un inspirador ambulante por el alto grado de identificación que produzco. Si no me importan los sentimientos y las dificultades de quienes me escuchan, estaría arando en medio del desierto. Si lo quieres llamar empatía, llámalo así. Prefiero llamarlo identificación. La empatía, si bien es útil, suele degenerarse y se torna peligrosa.

Para mí, la empatía no es ponerse en la piel del otro, sino brindarle información para que la cambie. Que la piel sea más resistente, que se vuelva de teflón para que nada se le pegue.

La empatía transita por la misma vía de la compasión, condición aún más peligrosa. La compasión suele ser vista con ojos de misericordia. Prefiero verla como un desafío: no es llorar con el otro, es ayudarle para que deje de llorar.

Siento que cuando afirmo, por ejemplo: "No nací en cuna de plata, no gateé en un tapete persa, me eduqué con dinero prestado y fui cajero de un banco", la audiencia me percibe como lo que soy, un mortal más. Quien no me conozca y vea hoy la vida que llevo podría imaginarse algo muy distinto. Dejar que vuele la imaginación del interlocutor en casos como este resulta arriesgado, pues genera distancia entre él y tu mensaje, lo que hará que caiga en el vacío. En cierta ocasión, alguien me dijo: "La primera vez que lo vi me pareció arrogante". Cuando indagué el porqué de esa percepción, me dijo sin sonrojarse: "Bastaba ver su ropa".

"No entiendo", le dije. "¿Qué tiene que ver mi ropa con la arrogancia?". "Usted tenía unos zapatos y un cinturón

Ferragamo, y un pañuelo de seda en la solapa". "No puede ser", me dije. En pleno siglo XXI y todavía hay gente que juzga con tan pobre criterio a cuestas. Es decir que, le manifesté: "¿Si me vistiera de jean y de zapatillas, te habría causado otra impresión?". Me dijo: "Es probable". Una cosa es el gatillo de la identificación por medio de una historia y otra bien diferente es perder tu razón de ser. Nunca la pierdas, máxime en épocas de eufemismos e impostores, en las que el mayor mérito es ser lo que somos y no tener miedo a exponerlo. Identificación, sí. Darles gusto a todos y perder nuestra esencia, no.

Prueba social

El gran Facundo Cabral afirmaba: "Come pasto, millones de vacas no pueden estar equivocadas". La prueba social es uno de los gatillos mentales más contundentes que existen. Es la persuasión en vivo y en directo. Si otras personas dicen que es bueno, entonces será bueno. Los humanos seguimos las decisiones y las acciones del grupo. No deseamos quedarnos por fuera, relegados, excluidos. Nos gusta frecuentar el restaurante que todo el mundo frecuenta. Nos gusta invertir en lo que todos invierten. Queremos visitar el bar de moda que todos visitan y viajar al país al que todos viajan. Como lo podrás inferir, la palabra *todos* es bien relativa. Pero en este caso no importa. Poniéndolo en perspectiva, basta que afirmes y demuestres que tu producto ha cambiado vidas, patrimonios, apariencias y estados de ánimo para que muchos más quieran tenerlo. El gatillo de la prueba social no es otra cosa que hacerle sentir al comprador que aún no hace lo que debería hacer, al menos lo que muchos ya están haciendo. Nadie se quiere quedar por fuera, reitero.

Hay un famoso restaurante llamado Nusr-Et Steak-house, con múltiples sedes en el planeta, frecuentado por famosos y dirigido por alguien que partió de muy abajo: Nusret Gökçe, turco para más señas. No me preguntes si es la mejor carne o si venden las mejores costillas que te puedas comer. Lo cierto es que los comensales desean vivir la experiencia que muchos ya han vivido y tomarse una fotografía con quien muchos se la han tomado. No importa si no vuelves. Siempre habrá alguien nuevo que desee visitar el restaurante. ¿Esnobismo? Posiblemente, pero qué más da: la experiencia ya está diseñada, la fama creada, las ventas disparadas, la carne comida y un nuevo multimillonario hecho.

"Hay que ir allá", me dijeron. "Todo el mundo ha ido". "Uff, vaya mentira, pero algo bueno ha de tener", pensé. Total, vamos. Es más, si te encuentras con un amigo, cada uno pensará del otro: "Qué bien, estás en el lugar indicado, esto sí que es *cool*, qué acertados y selectivos somos". Lo contrario no te gustará oírlo. Que alguien te diga: "¿No conoces ese lugar?", "¿Cómo es posible?", "Eres el único que no ha ido".

Ya sabes lo que tienes que hacer: mostrar que tu producto lo tienen miles, que les encanta, les ha sido de utilidad y hasta les ha cambiado la vida. Si demuestras eso, las ventas vendrán solas. Simple mortadela con pan.

Reciprocidad

La reciprocidad es un gatillo mental que se activa cuando das sin esperar nada a cambio. Cuanto más desinteresado sea tu gesto, más reciprocidad se genera. Si se percibe que esperas algo a cambio, la reciprocidad deja de funcionar y produce rechazo. Este gatillo mental se encuentra en la naturaleza misma del ser: cuando recibes algo, quieres ser agradecido y dar también algo a cambio.

Razón tienen los que afirman que para recibir primero hay que dar. Esto tiene dos explicaciones: primero, la cósmica: cuanto más generosos somos, más conspira el universo a nuestro favor. La segunda, la mundana: nos dan y queremos devolver. Es como si no quisiéramos quedar debiendo.

Si das sin esperar a cambio, como ya lo dijimos, tanto mejor. Es tu mejor versión haciéndose presente. Te haré una confesión. Preparando el evento "La fórmula púrpura de la libertad financiera", los ejecutivos de Hotmart hicieron un gran énfasis en brindar alto contenido de valor. Hasta el punto en que pensé: "¿Dar todo esto gratis?". "¿Cómo voy a regalar tanto en los cuatro videos gratuitos previos al evento si mucho de lo que expreso es una verdadera joya. Auténticos secretos que me han tomado años de esfuerzo y dedicación?". Ellos insistieron en dar ese contenido, y terminé accediendo. Celebro haber agachado la cabeza y aprobarlo. Quienes compraron "La fórmula púrpura de la libertad financiera" me expresaban que en gran parte lo habían hecho por la calidad del contenido de los videos gratuitos. Sí, esos mismos que dudé regalar. "Da mucho contenido, Juan Diego, que las personas lo apreciarán y te pagarán con creces". La razón es simple: así se perciba como un alto contenido de valor, y lo es, siempre necesitarán más, motivo por el cual comprarán el producto completo que incluye el paso a paso que les permita obtener su libertad financiera.

Las personas mezquinas, por el contrario, suelen ser pobres. "Pero, conozco a mucho miserable y tacaño que tiene dinero". Lo has dicho, "tiene dinero", lo que es distinto de ser rico. Ya lo sabes: riqueza va mucho más allá de tener dinero. Riqueza es obsesionarse por ayudar a cambiar la vida de las personas que te piden ayuda y que están dispuestas a pagar el precio para lograrlo. La generosidad aumenta la riqueza. Si más generoso eres, más te devolverá la vida. "No temas compartir el secreto de la Coca-Cola", pues ni lo es, ni será lo último que hagas. Cada día, siendo más rico mental, material y emocionalmente, asegúrate de dar mucho más, ir al fondo y "que no quede gota alguna en el plato de sopa".

Sorpresa

Crecimos con un dicho: "Lo que no se muestra no se vende". Hoy, esa sentencia admite mejoría. Lo que no impacta no vende. Hay una sutil diferencia, no menor, por cierto. No se trata solo de mostrar, sino de impactar en un mundo donde recibes publicidad desde todos los flancos, a toda hora y desde que te levantas. Producir una sorpresa parece cada vez más difícil. Quienes lo logran disfrutarán de un jugoso botín. La pregunta es ¿cómo lograrlo? Un buen titular, una fotografía impactante o un video, del que tú digas wow, sí que ayudan. Mira este ejemplo. Puse en las redes sociales un post con una imagen dividida en dos. Por un lado, una fotografía con mi esposa cuando vivíamos en un apartamento alquilado, de 56 m² en 2000; por otro, en la otra mitad de la pantalla, una fotografía abriendo la puerta de la casa de nuestros sueños, 15 veces más grande que el apartamento alquilado. Pero no era solo la fotografía la que sorprendía: era el contraste entre la modestia y la abundancia. Era la muestra de la persistencia rindiendo frutos. Era la prueba inequívoca de consistencia entre lo que se predica y lo que se hace. Eran los sueños que se cumplían. Nada de fortuito tuvo que haya sido uno de los *post* más exitosos para @invertirmejor en las redes sociales. Y ten muy presente esto: no se trata solo de mostrar contrastes e impactar, sino también de producir cosas inesperadas. La sorpresa se destaca en *El arte de la guerra*, del maestro Sun Tzu. El movimiento más eficaz es el inesperado. Lo imprevisto que te robe un *wow* sí que vende. La sorpresa produce emoción y hace que te visualices viviendo lo mismo, lo que no es poca cosa. El tiempo es escaso y se trata de llamar la atención con rapidez. Un apretón de manos con energía y llamando a las personas por su nombre, pese a no haberla visto durante mucho tiempo, cumple el mismo fin: sorprender.

Cuanto más sorprendas, más vendes. A mayor sorpresa, mayor recordación. Hay tantas imágenes, personas y eventos frente a nuestros ojos, todos los días, que solo recordamos aquello que nos sorprendió. La sorpresa también puede generar autoridad en la medida en la que me quedo en tu mente. Si, además, la sorpresa incita a la acción, tanto mejor. Dos pájaros muertos de un solo disparo. Es útil que la sorpresa cumpla lo que prometes. En los seminarios de inversiones por internet para no expertos, muestro cómo invertir US$200 000 teniendo tan solo US$1000 de capital propio. Ese apalancamiento, que no es otra cosa que invertir más dinero del que tienes, sorprende, pues el reclamo histórico ha sido no tener dinero para hacer inversiones. Si la cereza del postre es demostrar cómo puedes vender algo que no posees, figura que se conoce como una venta en corto, habré redondeado la sorpresa. Ganar en mercados a la baja, con dinero que no tengo y habiendo primero vendido, sin haber comprado. Siempre tengo un wow por respuesta cada vez que lo demuestro. Lo que menos importa en este momento es que hayas entendido esa maniobra financiera. Lo que más importa es que estés consciente de que nos encanta que nos sorprendan y que pagamos por ello. Hay demasiadas cosas normales como para seguir comprándolas.

Es posible que en este momento recuerdes estas palabras: lo normal apesta, aburre y es rápidamente olvidado. Solo lo extraordinario se recuerda. La gente paga por experimentar muchos wow, y el 1 % se asegura de producirlos. Si escribo un libro no te conmuevo, puesto que hay millones de libros y escritores. Pero, si escribo cuatro *best sellers* en cuatro años, serás proclive a comprarme uno nuevo, cuando lo publique. Simplemente dirás: "Algo bueno deberá decir este señor para lograr esos resultados". Habré activado el gatillo mental de la sorpresa, que se traduzca en una compra. "¿Qué será lo que escribe para que tanta gente lo compre?".

Igual si vas con tu familia conduciendo por una carretera. Quieres detenerte a cenar. En una zona de restaurantes, ves que en uno hacen fila para entrar. Los otros están vacíos. ¿Qué tiene ese restaurante que convoca a tanta gente? Quieres averiguarlo y no ahorrarás esfuerzos para hacer la fila y entrar. Te han sorprendido, y terminas cenando en él. ¿Te suena?

Mensaje final

Quiero decirte que no he ahorrado esfuerzo alguno para verter en estas líneas la historia financiera de mi vida y lo que considero más útil para tu futuro. Me he equivocado muchas veces y creo haber acertado en otras. Aprender siempre y seguir adelante con fe, determinación y hambre es lo que nos debe distinguir.

Puedes escribirme a juandiego@invertirmejor.com para que me cuentes cómo te pareció el libro. Personalmente te estaré respondiendo.

Muchas gracias por dedicarle tus valiosas horas a leerlo. Que Dios te bendiga y nos encontramos en el Olimpo.

Juan Diego Gómez Gómez